「中国精神」我们的故事

家国万岁

——院士科学家何继善的故事

李炳银 主编
余艳 著

希望出版社

何继善院士和孩子们在一起。 （余艳/摄）

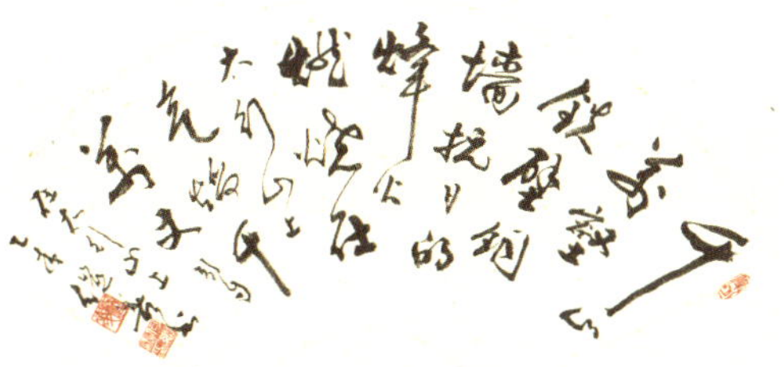

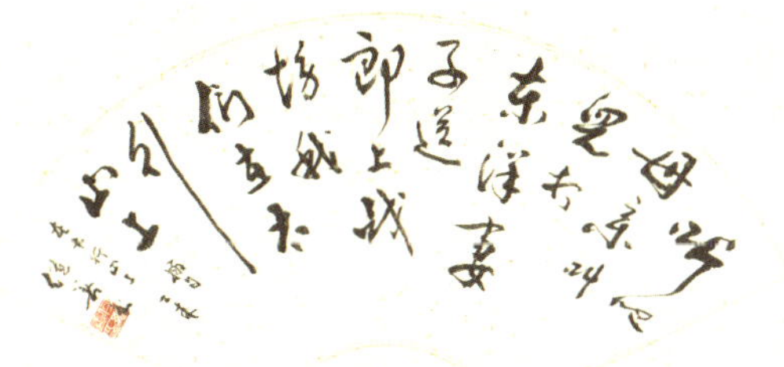

出版前言

古人云："童蒙养正，少年养志，壮年养德。"人的一生中，青少年时期正是选择人生目标和树立远大志向的关键时期。然而，"未来要成为什么样的人""未来要过什么样的人生"，对青少年来说，可真不容易说清楚。在他们的成长过程中，如果能看到、听到或者了解到一些优秀人物的人生经历，并能以他人为榜样树立正确的世界观、人生观和价值观，那无疑会是开阔胸襟、拓宽视野、丰润生命的很好途径。

"中国精神·我们的故事"这套丛书，正是专为青少年创作出版的一套讲述中国故事、展示中国智慧、弘扬中国精神的优秀励志读物。我们甄选出当下中国鼓舞人心、提振国威的一些重大题材，并邀请作家深入一线亲自采访，把那些为了祖国伟大事业而无怨无悔付出的优秀人物的感人经历，用精彩的情节和细腻的描写呈现出来。虽然每个人物身份不同，所从事的事业也不同，然而，无一例外地在他们身上集中体现出了这样的特点：

他们是典型生动的当代人物；

他们拥有非同一般的毅力和热忱笃定的坚守；

他们各有所长且卓有建树；

他们的故事，让我们由衷感受到中国精神的力量。

中国精神，意在阐述当代中国人深沉热烈的爱国精神和与时俱进的改革创新精神。中国精神，让世界上其他国家看到了中国智慧、中国道路、中国力量的强劲内驱力。对青少年来说，学习这种精神，就是要少年立志，长大后争做爱国、敬业、诚信、友善的新一代公民，为中华民族的伟大复兴而努力付出！

人物介绍

何继善，何许人也？

用美国著名地球物理学家弗兰克·莫里森的一句话来说，就是：“在地球物理学界，既懂方法原理又懂研制仪器的，世界上仅有两人，何继善是其中之一。”

他创立并发展了“双频激电法”“广域电磁法”和“拟流场法”“伪随机信号电法”等理论；他创建了我国第一个以地电场与观测系统为特色的国家重点学科；他研制的“双频激电仪”可谓找矿神器，为国家创收上千亿元，为地球“号脉”，为矿山解围；他发明了一系列达到国际先进水平又兼具中国特色的地电场观测仪器设备，形成了从理论分析到方法技术再到仪器设备最后到成果应用的完整的研究体系。

正是这些巨大的科研成果，让他先后获得了5项“国家发明奖”和“国家科技进步奖”、20余项省部级奖励，申请国内外专利23项，其中授权发明专利14项。1986年，因科研成果突出，他被授予“国家级有突出贡献科技专家”称号。他还历任中南工业大学校长、湖南省科协主席、中国工程院主席团成员、中国工程院能源与矿业学部主任、中国工程院工程管理学部常委等。

他是著名地球物理学家、中国工程院院士，他就是何继善。

目录

引　言　故事从一张手绘图开始……………………… 1

第一章　与飞机的人生互动 …………………………… 7

一辈子的飞机缘 ………………………………… 11

一本书和两个美国飞行员 ……………………… 25

“小飞机”对应的“飞虎队” ………………… 33

第二章　苦难童年 ……………………………………… 43

三个女人呵护的“神童” ……………………… 47

炮火中失学的“难童” ………………………… 52

第三章　青年时期 ……………………………………… 93

命运中的第一盏灯 ……………………………… 97

各科全优的学生 ……………………………… 102

恩师临终传承报国情怀 …………………… 111
人生涅槃 ………………………………… 118
第四章 天地之间一股气 ……………………… 123
他与不说话的土地互动了 ………………… 127
科学春天里的“自虐狂” ………………… 134
科学家不拿枪也要保护人民 ……………… 140
第五章 科学家人物素描 ……………………… 147
脊梁——挺直站成擎天柱 ………………… 151
头脑——天生爱发明 ……………………… 156
肩膀——担风雨更扛民意 ………………… 161
大手——专为做实验而生 ………………… 166
长腿——跑野外更接地气 ………………… 172
风骨——一身正气两袖清风 ……………… 179
一生之根——母亲和故乡 ………………… 184
第六章 一口气，一辈子 ……………………… 199
湖南告别无气时代 ………………………… 203
湖南转寻页岩气 …………………………… 208
比肩美国 …………………………………… 216

“气化湖南” …………………………………… 220
尾　　声　　赤子追梦 ………………………………………… 227

引言

故事从一张手绘图开始

我手头是一张何继善院士称作“地图”的浸满岁月尘迹发黄的纸。

说是地图，其实就是一张手绘图。黑色墨汁划出的主线，蛇一样冷漠弯曲地延伸着，突入眼眸就令人冷飕飕的心寒。那“蛇”蜷缩着身子，透出凶光，吐着毒芯子，严阵以待成一张拉紧的弓，“嗖”地突然喷发，剑一般直蹿出去，吐出血舌……

1931年，日本侵略者罪恶的枪炮，吐出的就是这血舌火焰，让成千上万中国人倒在血泊中。这条巨大的毒蛇死死咬了中国十四年。1939年，五岁的何继善也难逃炮火硝烟、铁蹄践踏，躲空袭、受欺侮，失学逃难，无家可归。

“这线路图标识的就是我儿时的逃难路线：浏阳-新田，六百多公里，走了二十多天；新田-宜章，步行了半个月；新田-长沙，迂回多地，辗转半年……前后八年，从六岁走到十四岁，两千多公里啊，我那颠沛流离、无可奈何的童年，就浓缩成这张血泪地图……”

一番话后，是久久的沉默，可他身后那巨大的背景却极为抢眼——那是一张巨大的“全球矿产分布图”。

手绘图与全球矿产分布图，让人一时想不出二者之间的联系，可在我眼前，它们分明接轨了、贯通了。

都说，没有压迫就没有反抗，没有屈辱就无所谓讨尊严。何继善从小失学、失学再失学，苦难、苦难再苦难，直到他的青年时代，命运似乎一直在跟这位后来的科学家不停地拧巴，或者说，是他在跟命运不停地拧巴。

可是他——

就是站出个湖南领军的何继善；

就是站起个中国杰出的何继善；

就是站成个世界不可小视的何继善！

是战争炮火的洗礼？

是民族屈辱后的奋争？

是带着家国恩仇的执着超越？

八十多年了，拿枪拿炮的战争结束了，我们都在享受和平。然而，不拿枪的自强报国，却成了何继善这位科学家一辈子的抗战。他儿时穿越烽火立志报国，而后八十多年的人生，为国为民发愤图强，由此书写了他一生的轨迹——

做梦：自强，国强，不再受欺负！

追梦：不拿枪，科学也要为国抗战！

圆梦：拼搏奋争，要让民族自强！

八十多年，他承载着国家使命，却常年在崇山峻岭、旷野荒漠中行走；八十多载，他无悔付出，把祖国崛起、国力强大当成科研的主攻目标。他这是——要讨回儿时的尊严，更要讨回我们的民族尊严！

何继善的故事就从这张手绘图开始……

第一章 与飞机的人生互动

一个地球物理学家，即使从中国走向世界，又怎会与“飞机”有什么人生互动？它源于1939年，日本轰炸机在一位中国孩子头上的盘旋。那些罪恶的炸弹在炸死了无数中国人的同时，也炸醒了一个民族沉睡的灵魂。

我尤其好奇的是，那些飞机曾经在很多中国少年头上盘旋，却没有炸出千万个何继善。是什么让少年的他与那些疯狂的轰炸产生了如此强烈的人生互动？是老师？是父母？还是某一根草，某一棵树？……

历史仿佛在那一刻定格：大围山下那个山清水秀、民风淳朴、男耕女织、天人和谐的名叫普迹的小镇，一个五六岁的小男孩跟山里的小草小树，河里的小鱼小虾一样被这片土地恩惠着、滋养着。突然就有了炸弹，炸得土地焦煳、房屋倒塌、血流成河；突然就有了炮火，人们逃离家园、流离失所、骨肉分离。一个幸福的幼童，就此失去了快乐的童年；一个好学的孩子，就此无校可进；一个不知仇恨的幼子，就此为家国恩仇付出了一生！

一辈子的飞机缘

何继善出生在湖南浏阳的普迹镇。因境内原有万寿宫，庙内祭祀“灵感普济之神”许逊，故名普济市，后因谐音演变为普迹市，距浏阳市区35公里，距省会长沙60公里。

从清末年间开始，普迹的“八月会”（八月物资交流会）伴随着传统的庙会在中南五省久负盛名，数以万计的客商从川、贵、滇等省聚集普迹。会间，商贾如云，物资品种繁多，贸易红火。同时，曲艺、小调、花鼓、湘剧、杂戏、皮影等民间艺术也在当地绽放了光彩。

普迹有着悠久的历史，楚大夫魏熹在此结茅为观的记载和金鸡村出土的战国陶器，将普迹的历史上溯到2300年前。普迹的“八月会”闻名遐迩，历史上曾名噪南七省、北五省，盛时普迹这个小镇一度成为中南地区重要的商品集散地。普迹文化底蕴深厚，花鼓戏、皮影戏、舞狮等丰富了群众的文化生活。早在1922年，普迹就成立中共浏西特别支部。就是在这个皮影之乡、庙会胜地，幼年的何继善对唐诗宋词、对联书法等有所涉猎且初显芳华。乡村孩子的各种乡野游戏，曾让他的幼年快乐无比。

然而，日本侵略者向这片安宁和谐的土地空投罪恶，让何继善美丽的童年顷刻间被血淋淋地撕裂。

这天，何院士第一次向我们讲起了他铁蹄下的童年，一开口，居然是他第一次看到的飞机。

口述历史1：

躲过炸弹，捡了一条命

每个人的童年都应该是金色的。

我的童年本应该在无忧无虑的美丽梦境中度过。

然而，日本侵略者的罪恶铁蹄过早地踏碎了我的美梦，让我在颠沛流离、水深火热中度过我的童年和少年时代。

我1934年出生在湖南浏阳一个叫普迹的小镇上。这个秀丽的小镇是个土特产的集散地，算不上繁华，也算不上偏僻，本是平平安安过日子的地方。我的父亲当时考了银行职员，在外地工作。母亲带着我和外婆、姨妈住在小镇上，乡情醇厚，亲情馥郁，我们的小日子过得蛮温馨。

日本侵略者的魔爪，对遥远的中国小镇也不放过。日寇的铁蹄，踏碎了我华夏的山河，也踏碎了我幸福的童年。

从我四五岁时起，就在躲空袭、受欺侮、离家逃难中度过，饱受了饥饿、失学和背井离乡的苦难，目睹了死亡、伤残、杀戮的惨景。

记得那段时间，大人们都在议论日本鬼子就要来了，传说很多，都是血淋淋的杀人放火、无恶不作的惨事，一时间人心惶惶。

那是一串漆黑的夜晚，虽然是夏天，可家里的窗户夜夜蒙上了棉被，被捂得透不过气来。远处偶尔传来枪声，听起来让人恐怖。母亲整晚搂着我睡，不敢出声，只是紧紧地搂住。我也总是在恐惧中渐渐睡去。

一夜一夜，我做着噩梦，有一个噩梦我至今记得。

我梦见来了一场恶风，房屋被刮倒，大树被刮得飘在了半空。太阳躲了起来，漆黑漆黑的，什么也看不见。我找不到妈妈了，找啊，哭啊，却看到一排拿枪的巨人。我哭啊喊啊，光喊却发不出声音。恶魔向我扑来，手起刀落，我的脑袋就像西瓜一样在地上滚……

惊醒时出了一身冷汗，我吓得躲在母亲怀里哭了很久很久……至今已经快八十年了，这个噩梦还时常出现在我的脑子里。从那一夜起，母亲脸上蒙上一层很深的灰幔，但还没下决心躲出去。

人们都说，记事太早将会有一生的坎坷，不知真不真。五岁那年，有一次，我正和邻居家小孩玩游戏，大大的晒谷坪上你追我躲。正在这时，日本鬼子的飞机来了，一共三架。“呜——呜——”伴着巨大的声响，飞机在空中盘旋一阵，就向地面俯冲过来，吓得我们都往家跑。

突然，一个大哥哥冲我们喊：“反方向跑……掉过头，反着跑，快跑……”

我们听了他的，反方向没跑多远，一颗炸弹就在我们身后爆炸了。

天哪！如果不是大哥哥喊住我们，身后50米炸出的那个巨大的坑，就是埋葬我们的坟墓！

当时，我们都被强大的气流震倒，紧接着被厚厚的泥沙盖住，趴在地上，嘴里满口堵着的是脏兮兮的尘土，气都出不来。晃晃头，才知道自己还活着。

五岁的孩子，光知道害怕，但也懂得是别人欺负我们，就有了最初的仇恨。

狠狠地吐出那口泥土，顺出那口气，我就想：哼，等我长大了，非要把臭飞机打下来！

“从侥幸躲过那次空难，母亲就下决心躲出去，漫长而艰辛的逃难生活开始了。一连串的灾难连着心酸的故事，嵌入了我的人生，让我仿佛永远伤痕累累……”

何继善说这番话时，已是离躲空袭近八十年后的今天。

命运没有让何继善当上飞行员，命运让他成为科学家。半个多世纪的努力拼搏，他有了一个个比炸弹更有威力的科研成果，去捍卫尊严，去讨还血债。

这里还有个亮相国际舞台的故事。

1986年3月，第一次亮相国际舞台，何继善是充满底气的。那天，美国亚利桑那大学巨大的报告厅内，阳光从几层高的落地窗投射到铺满鲜花的讲台上，何继善挺直腰板儿，目光自信，用十分流利的英语向在座的各国专家们介绍一种地球物理勘探新方法——“双频激电法”。这是他潜心研究二十余年的成果在这里首发。接下来，他从容的神态、扎实的功底、流利的答辩，顺理成章地赢得了全场阵阵掌声。

“请问，您的‘双频激电法’的根据是什么？”

中途被人打断，可何继善没有慌，为了这一天，他准备了太久。

他定睛一看，台下一位满头银发的老者突然发问。

何继善自信的双眼注视着这位白发学者，平静而不无幽默地回答道：“如果有两个人，高矮只相差一毫米甚至更少，要比较两者的高矮，最好的办法是在同一地方用同一把尺子同时测量。如果其中有一个人换一个地方，用另一把尺子测量，得到的结果就不准确了。‘双频激电法’正是根据这一原理，将两种频率的电流同时输入地下，同时测量两种频率的电流形成的电位、振幅和相位。这样，不同矿产与岩石就鉴别出来了。”

“请问，这种方法有何优点？”

“请问……”

“请问……”

讲演被打断了，提问者来自会场的各个角落。

对这些十分内行却又非常挑剔甚至是发难般的提问，何继善仍侃侃而谈、流利作答，以他那自信的微笑、严谨的答辩，赢得了全场阵阵喝彩。

讲演结束后，何继善突然发现，他的座位上放着一个信封。

拆开一看，是一张名片和一页信纸。

名片上印着“亚利桑那大学教授维特”；信纸上列着一长串专业论文题目，并附有一句话：“教授，如果您愿意，我可将论文全部免费提供给您。”

何继善眼睛一亮，精神为之一振。

这不就是1950年发明使用“变频法”找矿、被人称为“变频法之父”的世界著名地球物理学家维特教授吗？事后何继善才知道，那位在讲堂上“发难”的银发学者正是这位维特教授。

在后来的交谈中，维特教授钦佩地对何继善说：“教授先生，您很棒！您的论文对我启发太大了，您的答问思路敏捷、论证严谨、无懈可击，令人佩服。”随后又重重地补一句，“我们落后了，中国在这方面已超过了我们。”

顷刻间，何继善的眼眶湿润了。

多年的心血，多年的奋斗，不正是盼望着祖国的地质科学能走在世界前列的这一天吗？拼搏了好多年啊，似乎想到了，又似乎没想到，他潜心研究的成果第一次在国际上亮相，就能博得像维特这样权威学者的嘉奖。

可在那时，何继善还有一件没了的心事，让他在人群中四处搜寻着。

——真巧，来了！

当声名显赫的维特教授陪着何继善走出会场，迎面等候着一位日本专家。何继善认识他，从讲台上多次扫过座无虚席的会场，专看写有“Japan”的座位牌，就看到那位日本很出名的地质专家。从那会儿开始，何继善的目光每隔一段时间就会扫视过去。

“何先生，中国的科学家太强大了……请问，我们可以约个时间聊聊吗？”

何继善看了一下日本专家伸过来的手，本能地停顿一下，还是礼貌地伸过去，但很快放开，算是履行一个程序，再不卑不亢地说：“可以。”

那时的何继善，目光炯炯，两眼犀利，自信的荣光从内到外地完满释放。他知道，这一刻，他在日本人面前站成了顶天立地的中国人！

记得，他曾跟母亲说过："有一天，我若站在世界的舞台上，我要把台下的日本人当作我重要的观众。如果说，我的精彩绝大部分是给我的祖国的，那剩余的那点精彩就是给日本人看的。"

那一刻，何继善高兴啊，那是从身体到灵魂的愉悦！儿时曾受过的屈辱、要讨回的尊严，几十年后，凭着沉甸甸的科研成果先让自己站直了。

又何止是自己站直，那是强大的国家挺直了他的虎背熊腰！

2008年7月7日，红网有条消息是这样的：

院士解读"飞虎队"，7月7日再现《虎口拔牙》

说起空军"飞虎队"，相信很多人都不会陌生。在中国人民抗日战争最艰苦的岁月，美国援华空军越洋万里来到中国，在抗战烽火中与中国人民结下了深厚的友谊，留下了许多可歌可泣的动人故事。今天，在"七七事变"71

周年之际，这些当年的美国老兵记录下的动人故事，在湖南省科协主席、中国工程院院士、中南大学教授何继善的精心翻译编撰之下，终于又与国人见面了，中文书名就叫《虎口拔牙》……

中文版《虎口拔牙》首批发行4000册，全部由何继善院士私人出资，近期将免费送往湖南芷江受降博物馆和大中小学图书馆、阅览室。

注意：几十年前，被日寇飞机追赶、逃亡、流浪、失学的何继善，到出版《虎口拔牙》时已是七十五岁的老者，他已经是著名地球物理学家、中国工程院院士、湖南省科协主席、中南大学教授。作为一位繁忙的科学家，何继善用了整整十年翻译《虎口拔牙》。2007年8 月，该书由解放军出版社出版，2010年4月第二次印刷。

第一时间知道《虎口拔牙》中译本面世，是在两院院士大会上，当时参加会议的杨敬东先生有一段感言，我记得很清楚。杨先生说："《虎口拔牙》是二战时期美国援华空军陈纳德将军的“飞虎队”成员唐纳德·洛佩兹在中国湖南服役，痛击日寇、身经百战、屡建奇功的自传体写实小说。本书中文版译者为著名地球物理学家、中国工程院院士、湖南省科协主席、中南大学博导何继善教授……特别要向大家爆料的是，何继善院士说：‘这个中译本的主要内容是在出差时的飞机上翻译的。’”

飞机上翻译“飞虎队”，的确太有诗意了。

而执意要做这件事的缘由，就像何继善在他的《虎口拔牙》自序中所说：“第一次读到这本书就被它吸引。原因是多方面的，与书中故事经历了同一时期，自然激起了太多的痛苦回忆、仇恨追思。这思绪中饱含着对日本帝国主义的无比痛恨和对今天和平生活的热爱。”

整个翻译的基调又是怎样的？就以书名翻译来举例。

“Into the Teeth of the Tiger”按字面意义直译是“进入老虎的牙齿里”，这样译不雅，也不是何继善想要的风格。如果译为“深入虎口”，也算贴切。然而，深入虎口干什么？不是被动地被老虎吃掉，而是要狠狠地打击“老虎”——当时的日本侵略者。因此，将书名译为“虎口拔牙”，能再现原著的内容，也更能表明何继善的立场。

像他在序言里说：“我的英语水平不高，翻译此书完全是一种责任感。本书描述的空间跨度很大，有些地方我都没有去过；书中有许多与飞机、空战等有关的专有名词，我本来就不熟悉；而且还有不少美国军中用语以及俚语与方言，要译好实在不易。许多译文是在出差路途中完成初稿的，曾多次修改，并请教了有关专家。”

如此用心琢磨一部小说，用十年的业余时间甚至利用在飞机上的时间翻译“飞虎队”，睿智的何继善这样说：“仇恨是一个令人不快的命题。总活在过去的历史中是悲哀的，老记住仇恨也是悲哀的。但真实的疼痛、无法忘却的记忆，让我一直将那段岁月铭记在心。因为，忘记历史，就等于背叛。”

《虎口拔牙》最后写道：“那是我生命中最为激动和难忘的岁月。其实，又何尝不是全体中国人民一段刻骨铭心、永世难忘的岁月……”实际上，何继善的一生就是“要让国家强大、民族复兴而不懈努力”，为此他奋斗了一生！

一本《虎口拔牙》被一位院士如此看重，到底缘起何处？又有怎样曲折离奇的故事？告诉你，它与两个美国飞行员有关，与美国“飞虎队”援助中国抗日有关，更与何继善凄惨屈辱的童年经历有关。

一本书和两个美国飞行员

与《虎口拔牙》相关的两个美国飞行员，一个叫约翰·萨姆拉，当年是美国亚利桑那大学教授；另一个叫唐纳德·洛佩兹，当时是华盛顿航空航天博物馆的副主任。

话说那是1988年，何继善受邀到美国亚利桑那大学讲学。在地球物理的运用和实践，也就是理论和野外作业包括发明勘探仪器方面，何继善开始享誉国际学术界，受到同行的一致好评甚至追捧。约翰·萨姆拉教授就是其中的“铁粉”之一。说起“铁粉”，又要追溯到1986年，何继善与萨姆拉教授的第一次见面。

当时，何继善的“双频激电法”刚登上地球勘探学术界的大雅之堂，有赞赏，有反对，有质疑，有争议，最终引起专家学者的广泛关注。其中，严谨的萨姆拉教授也有质疑。在一轮轮的提问、一轮轮的回答中，何继善自己都不明白，他怎么偏就对这位教授那么有耐心，那么一见如故。

受邀到亚利桑那大学讲学，来到萨姆拉教授的学校后，在更多的“粉丝”中，在一波又一波追着他的那些讨教的、求证的、慕名的、仍在质疑的，还有羡慕嫉妒的同行中，何继善就是紧贴着萨姆拉教授。

那些天，何继善几乎拒绝掉所有盛情的“粉丝”。这位不卑不亢的中国科学家，被萨姆拉教授拉到家里小聚，拉到车上四处兜风。在美国的那些天，两个同行探讨前沿学科——地球物理，聊着聊着就到了深夜，说着说着就说到了中美关系。萨姆拉无意中说到一段奇特的经历，让何继善当即就把他当朋友。萨姆拉教授，居然有与日军作战的经历！二战时期，萨姆拉曾经驾驶着飞机在亚洲与日本鬼子作战，狠狠地打击过日军。立马就拉近了距离，顷刻就有了信任，不用多说就成了朋友，还是心相连、魂相吸的知己。随后，这对跨洋相隔的同行像兄弟一样相处。

1988年，何继善邀请萨姆拉教授来华访问，学术上交流，到家中做客，这对忘记国界的朋友像家人一样频繁往来，结下了深厚的友谊。

萨姆拉一辈子爱好飞行，像他一辈子热爱地球物理一样。成为国际知名科学家以后，他买了一架可乘四人的小飞机，业余时间经常飞向蓝天。萨姆拉对自己敬仰的朋友的最高礼遇，就是驾驶飞机带他们在空中飞。何继善去美国讲学，萨姆拉带他在蓝天中俯瞰美国，在世界著名的科罗拉多大峡谷上空翱翔；在飞行中探讨学科，在飞机上合作画航空磁力图……在那架飞机上，他们留下不少欢歌笑语，又无数次探讨高深的学术问题，还共同解决了实战中的“疑难杂症”。最后，像要给老朋友留下永久纪念，萨姆拉把美国亚利桑那州的航空磁力图和一本英文书送给了何继善。

也许，命运就要留下深深的遗憾。后来，萨姆拉驾机在墨西哥境内出事，他和妻子同时遇难。当萨姆拉的女儿第一时间将噩耗告诉何继善，他简直无法相信，更无法接受。像失去亲人一般，何继善深深缅怀这位杰出的科学家，再一次打开了老朋友送的那本书。

“Into the Teeth of the Tiger”

天哪，这是怎样的机缘！

太巧！奇遇！

书的作者叫唐纳德·洛佩兹。这位美国飞行员，居然是援助中国抗战的赫赫有名的“飞虎队”成员！书名为“Into the Teeth of the Tiger” 的这本书，写的是他在中国且主要是在湖南的参战记录！

书稿一下子就抓住了何继善！

原来，洛佩兹十九岁那年在“珍珠港事件”爆发后毅然投笔从戎，经过严格的魔鬼式训练，实现了他当战斗机飞行员的报国理想。他和战友们飞越大半个地球，到达卡拉奇，再取道著名的驼峰航线来到中国。当历尽艰辛将战机稳稳着陆，他第一眼看到的是衡阳这个地名。

何继善当下就对这位英雄肃然起敬。

凭着他业余所学并不高超的英语，一口气读了下来。

书中记录洛佩兹先生在湖南衡阳、怀化湘西等地的101次战斗，他多次击落日军飞机，摧毁他们的各种设施，歼灭无数日军。因英勇杀敌、屡建战功，他荣获了战士奖章、银质勋章、飞行奖章和“飞行功勋”称号。

他亲眼看到，日本鬼子残害中国人，烧杀抢掠，无恶不作。他跟中国人民一样痛恨日本侵略者。三年的战斗中，他看到许多战友英勇牺牲，他本人也几次历险，但都在战友和中国老百姓的协助下化险为夷。因此，洛佩兹在他这本自传体纪实作品中，字里行间流露的都是对中国人民的友好感情。

他在书中写道：“我们所有飞行员都感激中国农民和游击队员，是他们冒着极大的生命危险，将我们中队被击落在敌占区的飞行员护送回来。当我们的飞机在敌占区上空时总有一种安全感。由于他们的努力，我们成为敌人俘虏的机会大大减少。我的好几位战友就是这样得救的。中国人民还从其他方面帮助我们，给我们提供吃住，修建和修复我们的机场，而最重要的是用真心组建了人工预警网，甚至取代了在其他战区使用的雷达……”

与书中故事同一时期的生活和遭遇，给何继善太大的震撼，也勾起他太多的回忆。

他强烈地意识到——

太有必要让国人不忘国耻；太有必要把它讲给今天幸福春光里的年轻人听，让他们发奋努力、珍惜未来。

而这部美国“飞虎队”成员创作的援助中国抗日的纪实作品《虎口拔牙》，何继善翻译这部书，用了整整十年！

如此坚定，如此决绝。

在与萨姆拉、洛佩兹两个美国人的交往中，不难看出何继善特有的情结：只要是抗日战士，自然就是我们的朋友。

毋庸置疑，这心结像影子一样跟随了他一生。

2015年5月31日，红网又刊出一则消息，用了醒目的标题：

院士何继善与120名小学生共度六一

院士爷爷的礼物：每人一本《虎口拔牙》，每人一句立志箴言

那天，中南大学地质楼报告厅里满满地坐着孩子们，这是何继善院士与第二课堂的小记者们共度六一儿童节的现场。

刚结束“地球奥秘”的讲座，小记者们个个表现不俗，纷纷提问。其中有个小男孩问：“何爷爷，您为什么会有那么多发明？比如，您现在还在做‘广域电磁法’的发明。”

何继善似乎要认真回答这个问题了。

他沉凝片刻，很快从电脑里调出一张图片，大屏幕上一显现，孩子们就惊呼：“安倍！”

图片里的确有日本首相安倍晋三。那是2014年1月21日，他正在首相府接待美国参议员卢比奥。

何继善的声音突然高了八度：“同学们，自强才能国强。我搞发明，是想找到更好的方法为祖国寻宝。现在推

广的‘广域电磁法’，是在更深距离、更精准、更多地找矿探宝。小时候，当日本飞机轰炸我们的时候，我是多么盼望祖国强大，盼望有一天我们能跟日本抗衡，不再受欺负啊。”

一个细节能唤醒一群孩子，一个理念能影响他们一生。说到为何给孩子们送励志箴言和《虎口拔牙》，何继善意味深长地说：“真希望他们健康成长，将来为祖国多做贡献。孩子们正处在人生的起步阶段，送他们一包糖，不如送一本励志书；送一些空洞的祝愿，不如让他们看到国家羸弱被人欺的真相，唤醒他们的斗志。”

『小飞机』对应的『飞虎队』

2010年1月27日的《长沙晚报》有条消息：

从中南大学获悉，由何继善院士主持完成的无人小型直升机探矿技术将于春节后到秘鲁“淘宝”，为我国补充铁矿石来源提供技术支撑。

据介绍，该机型系首次用于地矿勘探。之所以要选择无人小型直升机探矿，是为了实现多快好省的目的：一是加快探测速度，二是提高探测效率，三是保障人身安全。

据介绍，调试好的安装有探矿仪的无人小型直升机，春节后将用于秘鲁寻找铁矿的工作。“这是该机型首次用于地矿勘探工程。”无人小型直升机供应商工作人员透露。

何继善院士表示，下一步将模拟安第斯山脉复杂的山地地形，完善各项试验测试和数据整理，尽快在秘鲁境内找到铁矿，为我国扩充铁矿石来源提供保障。

那天，我有意把珍藏很久的一张报纸拿出来，问何院士："您发明的无人探测小飞机去了秘鲁勘探，灵感是来自你儿时讨厌的日本飞机，还是您喜欢的'飞虎队'?"

何老那天很有兴致，空旷地上，浓雾还未散尽，冒着冬日的严寒，看一架小飞机起飞，搭载着仪器进行探矿实验……

"这灵感来源嘛，你猜对了，我要让小飞机满满地载上尊严！"

好一阵高兴，我们一起听何老讲他与飞机结下的一生缘。

口述历史2：

观空战，与"飞虎队"的一生缘

在大学读书那几年，已经解放好多年了，我却老是查阅有关日军侵华的史料。要知道，在我们频繁遭日本飞机轰炸的那四五年，日本喊着“三个月内灭亡中国”，动用2700多架空军战机，对中国秀美的河山、无辜的百姓狂轰滥炸。而当时的中国，只有300余架老式飞机，真正可用的实际上只有90架。

父亲去世后，母亲带着我离开了新田那块伤心地，从新田到浏阳，又辗转长沙，投奔到无儿无女的姨妈那里。

记得失学后的一个晚上，月圆光明，忽听远处传来悦耳婉转的箫声，听着听着，想起逃难的情景，失学的孤独，我便忧伤凄凉。

这段《苏武牧羊》小曲深深印入心里，在往后的岁月里只要一听到箫声，就勾起那段孩童时苦难经历的回忆，我常常触景生情，泪洒衣襟。

无奈之下，我去了一家盐店打工。

偏偏每天去打工的路上都路过学校，我因为想上学，就忍不住停下来，常听见教室里有琅琅书声，草坪上有人教唱抗日歌曲。“打倒日本，打倒日本，除汉奸，除汉奸；

大家武装起来，大家武装起来，救中国，救中国！”

我姨妈家的后墙上，还画了一幅宣传画：一个中国军人用巨掌撑着一个日本鬼子的枪，保护着一双踩倒在地的中国母子，旁边写着：“打倒日本帝国主义！”可这种口头上、画面上的宣传，虽有唤起民众的一面，却顶不住国民党军队的节节败退，日本鬼子的步步紧逼。

依然还是空袭，讨厌的日本飞机狂轰滥炸；依然还有许多人逃难，朝不保夕。我看到沿途讨饭、卖艺和卖儿卖女的，到处都是无家可归的人。每遇空袭，城里的人挤进了防空洞，逃难的人无处躲藏，哭声喊声，一片凄凉！轰炸后，四处火海，房屋倒塌，血肉横飞……

领略了一系列的空袭，除了对战争更深的痛恨，说来也怪，对空袭我却能淡然对待了，就好像自己是死过几次的人，不怕了。以后，每遇空袭，我能躲就躲，没地方躲就在草丛边看空战。我喜欢盯着天上的飞机掠过天空，每次都盼望着，日寇的飞机被击落，栽下来。

一天傍晚，日寇出动了十几架飞机，轮番轰炸长沙。

我们亲眼看到日本飞机改变队形，围成一个大圆圈，一架接着一架，朝下俯冲扫射，还扔炸弹，随即大火熊熊，映红了半边天。眼看着把街上几座好好的房子炸毁起火，我们对日本鬼子的仇恨，也像这猛烈的大火一样，在心中燃烧起来……

但有两次，躲飞机让我躲出了快乐。那是一场激烈的空战。我们的飞机追着日本飞机飞，两架中国飞机用机枪不停地“哒哒哒”，两边夹击追着日机打。双方机枪吐着火舌，我就在心里喊“打呀，快打”，有时还忍不住做飞机栽下状，并喊出声：“呜——轰——啊！打下来了，爆炸了。”这时候，母亲就会把我按下，还拍一下头，意思是别暴露目标，躲一劫是一劫……

事后许多年，我查资料才知道，在我们躲日本飞机的前后，台儿庄保卫战爆发，日寇飞机主要忙于在前线助战，但许多战场上的失败，让他们把仇恨转嫁给无辜的中国老百姓，时不时地骚扰后方的城市和乡村。

就那阵子，我集中听说了美国的“飞虎队”。人们似乎不相信国民党的部队，凡听到有击落日机的消息，最先想到是被越战越勇、神出鬼没的美国“飞虎队”打下的。那时，我就开始崇拜有战斗力的“飞虎队”。

也是后来查的资料，我了解到，1941年8月，陈纳德指挥下的美国志愿空军正式组成中国武装部队(即“飞虎队”)，1942年“飞虎队”改编为美国驻华第十四航空队。日寇那时仍倾全力做垂死挣扎，不断对中国山河狂轰滥炸，搞所谓“疲劳轰炸”，屠杀了许多中国百姓。

日寇已到强弩之末，而我仍旧对空战感兴趣。1945年3月，报上刊登的一条新闻让我喜出望外，大概内容是：“飞虎队”击退入侵衡阳机场敌机，击落了三架日军轰炸机。当时，有时能看到很大的轰炸机和比较新式的战斗机在天上飞过，我就在想：“飞虎队”又打日本飞机去了。我不由自主地像母亲那样，双手合十在胸前祈祷：祝愿他们平安顺利，打下日本飞机。

印象中幸福的日子，是离欢庆胜利的那场全城狂欢没几天的日子。高射炮的射击，使蓝色的天幕上出现了一团又一团的黑色云絮，日军飞机在天上逃窜，后面几架飞机紧追不放。我想：一定有我们中国的飞机，还有“飞虎队”的飞机……突然，在一阵猛烈的高射炮声中，我看到一架日本飞机像发狂的老鹰在天上抖动翻转，不一会儿，屁股后面拖着长长的浓烟，它栽到山后了。

地面上就有和我一样兴奋的人们，在跳跃，在欢呼……

可以想象，那也许是何继善童年最快乐的一天。

与此对应的快乐又在几十年后到来了：2008年6月23日至27日，中国科学院第十四次院士大会、中国工程院第九次代表大会在北京隆重召开。一千多名两院院士云集北京，盛况空前。会上，何继善院士将八百多本《虎口拔牙》人手一册赠给与会代表。时任中国工程院院长徐匡迪读了这本书后说：“书中描写朴素真实，它从一个侧面展现了那些艰苦卓绝的岁月。今日，何继善先生以深厚的英文功底、流畅的文字，将此书译成中文。无论是曾经经历抗日战争的老年人，或是在新中国成长的中青年人，读此书都将受益。”

《长沙晚报》所报道的无人小型直升机，是何继善首次用于物探用途的小飞机。他们模拟安第斯山脉复杂的山地地形，经过一次次实验，最终将会在秘鲁境内寻找铁矿，为我国扩充铁矿石来源提供保障。而这已成为又一科学创新和探索的典范。

苦难成了何继善最好的大学。

不管命运怎样折磨，压抑其成长，何继善总以全新的方式出类拔萃。

风雨兼程中，他勇往直前，无怨无悔。

而这时何继善，带着对事业更高的追求，又上路了。

何继善做矿山化验员时，从爬到矿道里采集样本那时起就开始有了这个想法——不用下矿井，就能知道地底下有矿藏。从1952年到1966年的近十五年间，他成功将当初“矿工的梦想”变为现实。他创立了“双频激电法”，将类似医学上的“CT”用于探测矿产资源。这种新的地球物理勘探方法也让他在国际上声名鹊起，并在国际同仁中赢得赞誉。这是目前唯一一种由中国人提出原理，由中国人发明仪器，并取得成功应用的勘探方法，何继善也因此成为“把脉”地球的带头人。

在攀登科学高峰的路上，何继善似乎永无止境。

第二章 苦难童年

没有多少文化的外婆，常把她听来的一个个故事有选择地讲给小继善听。虽然故事林林总总，但在小继善听来，无异于一顿顿精神美餐。各式各样的故事听多了，自小聪慧的小继善竟然能对着壁画说出相应的故事以及相应的人名，把他的母亲惊得目瞪口呆。

在那寂寞的山村里，所谓的“文化”，就像山里的野菜，尽管登不了大雅之堂，但一样可以养人。何况，在某些时候某些地方，那些野菜可能是唯一能滋养生命的东西。当何继善后来站在国际高端讲台上，他的自信从容仍然来自于某种土得掉渣的东西，比如外婆口中的童谣，比如庙墙上的壁画，比如那些龙灯花灯，还有喷香的茴饼，甚至是夜里那盏忽明忽暗的桐油灯……

可是，小继善偏偏遇上了战火、失学、逃难……然而，是怎样的努力，让他走出命运的多舛，又是怎样的拼搏，让小继善从一个感到愤怒、害怕却不得不忍耐的孩子，成为冲出国门、走向世界的杰出科学家？

三个女人呵护的『神童』

何继善平和朴实地说到他的外婆:“外婆最会讲故事，她的言行影响了我的一生。”

外婆文化不高，却不影响她接受民族文化的滋养。她的那些故事版本虽不尽相同，却把善良、勇敢、团结、勤劳诸多元素化成一个个月夜的精彩评说，一支支床头的催眠曲，让小继善如醉如痴。

不知何故，听他讲起外婆、母亲和他的那位连蚂蚁都不忍心踩的姨妈，你就感觉到，在那惨烈的时光中，幸亏有温情，让他的生命中永远有甘霖。

在何继善充满诗意的描述中，你能感觉到什么叫追念。

“外婆的言行，影响了我的一生。”

何继善的父亲因为工作原因，很少跟妻儿生活在一起。何继善从小就是在三位女性的呵护下长大的。

我注意到，八十多岁的何老在谈到他的外婆时，眼睛里似乎蒙上了一层雾。其实，何继善的外婆，像很多乡村外婆一样，没有多少文化，更不善于说教。她们教育孩子的办法，很简单也很感性，就是给孩子们讲故事。那些故事大同小异，不过是她们的外婆以及外婆的外婆一代代传下来的故事。比如，何继善记起外婆给他讲的一个故事，是民间传了不知多少年多少代的故事。

一个穷儿子给母亲带回一样好吃的东西。回家的路上，好吃的东西掉在牛粪上面弄脏了，那儿子把东西捡起来，悄悄洗干净，仍然给母亲吃了，结果那儿子得了好报。

另一个儿子羡慕那种好报，于是故意把东西掉在牛粪上，然后悄悄洗干净，也拿给母亲吃了，结果得了恶报。

这个在中国民间传了千百年的故事，尽管故事的版本不尽相同，但其中包含的人格指向都是真与善。

何继善还说到了他的姨妈，那也是一个极其善良的女人。她没有小孩，信佛，经常说的一句话就是："人要做好事，要多积德。"如果要问她"为什么要做好事不要做坏事"，回答是永远不变的："做好事得好报，做坏事得恶报。"姨妈的心善不仅仅挂在口上，更落在大大小小的具体事情上。何继善清楚地记得，姨妈走路是非常小心看路的。那种小心不是怕摔跤，而是怕因为疏忽而踩死了小动物，甚至是小虫子。

小继善的母亲因为生计，陪他的时间并不多，但母亲的善良与厚道在左邻右舍中也是有口皆碑的。若干年后，成人后的何继善眼见着年迈的母亲抚养两个困境中同事的孩子，一养就是六年。这是后话。

一个纯真的小男孩，就这样在三个女人的温情中不知不觉地长大。用何继善的话说，那就是："家中的三位女性至亲教会了我善良。如果要我在善良与表面形象上做一种选择，我一定会选择善良。”

其实，眼前的老者即便已到八十多岁的高龄，仍然声如洪钟，中气十足，那富于磁性的厚重男声，没有半点因苦难而扭曲的痕迹。三位女性至亲教给小继善的，远不止是善良，尽管善良本身已经涵盖了丰富的人格精神。

然而，儿时的安好，谁会想到被铁蹄踏碎。

1934年出生的何继善，跟当时所有的中国人一样，有着相同的经历：躲日本鬼子。说到躲，当时地上鬼子还没来，天上的飞机就布下一张恐怖的网。那些飞机并非如想象中的那样见人就炸，更多的时候，它们只追不炸，或者用机枪追在逃命者的屁股后面不紧不慢地扫射。也许，在飞机上的那些人看来，在空中戏看地上没命似的奔逃的人群，比看着即时倒毙的人群更有趣。

可以想象，一个小男孩，跟着大人在亡命的奔逃中，那飞机的啸叫声与路人的呼号声，那桥断路断的凄凉景象，那失子母亲撕心裂肺的哀号，在他幼小心灵上刻下的是深深的伤痕。

"彻骨之痛啊，不是语言可以表达的。'要争气'的志向就从那时埋下了。"

从躲空袭到流浪，从失学到再失学，何继善一直都在挥之不去的梦魇和现实的努力中转换：越苦难越立志，越受气越争气，越失学越好学，越憋屈越报国……屈辱后是成百倍地讨尊严，失学后练就超强的自学能力。没别的，一辈子就是拼！

炮火中失学的『难童』

说起他的童年，何继善说得最多的是失学。

他毕生爱好书法，一生写得最多的是“还我河山”四个字。

战争中的流亡学校本不是什么稀罕事。然而，一所流亡小学在流亡当中，无疑要比流亡中学、流亡大学要麻烦得多。但是，何继善在讲述那些时光时，却淡去学校在流亡中完全可能遇到的艰难困苦，只流溢出对那段时光无边无际的怀想。

他所在的小学尽管在不停地迁移中，但老师们却没有省略该有的教学过程。为了让学生们感受到一首歌曲特定的情绪氛围，老师还特意把学生们带到一座凉亭中，教学生们学唱那首曾经流传甚广的歌曲《送别》——

长亭外，古道边，芳草碧连天。晚风拂柳笛声残，夕阳山外山。

天之涯，地之角，知交半零落。一壶浊酒尽余欢，今宵别梦寒。

那天，何老一口气把整首歌唱完了。

我发现，唱完歌的何老像是被什么东西击中，眼中似有什么东西在闪闪发亮。

我知道，老人唱出的那首歌，曾经是我国20世纪二三十年代广为传唱的校园名歌。歌中那无边无际的伤怀把离别的情愫渲染到了极致。但是，此时此刻，我感觉，打动老人的绝非是那首遥远的歌曲，而是歌曲之外的某种情绪，也可以说，是老人自己把自己打动了。

就在一种隆厚的凄美中，何老向我们口述了他铁蹄下的童年故事。

口述历史3:

逃难，通人性的老黄狗再也没有回来

恐惧，害怕，是那段时间最深的记忆，可怕也没用。

湘北会战中日本鬼子奸淫烧杀、胡作非为的恶行，像风一样吹到普迹的大街小巷，吹到大人小孩的耳中，令人不寒而栗。

随着这阵阵炮声，我们幼小的心也阵阵紧缩了起来，担心日本鬼子也会到我们这里来。大人们开始议论逃难的事，究竟往东躲，还是往西藏，看哪边更安全些。我们小孩子也惊恐不安，不知怎么办好。大点的哥哥姐姐无心上学读书了，一听到日本飞机的声响，就不敢去学校，怕敌机扔炸弹，也怕慌乱中找不到家里的大人。

那时，我们那条街，生意人要舍弃店铺家业，外出躲灾避难，是要下很大决心的。常言道:“家贫值万贯。”要把多年来积攒下来的被服衣衫、桌椅板凳、坛坛罐罐，全都舍弃掉，那是万分心痛的。他们一个个愁容满面，一声声叹息不止。常听到他们讲一句话："唉，这真是千日砍柴一日烧。"还有两个咬牙的字——"舍了"！毕竟"命"还是比"物"值钱，活命要紧。可话虽这样说，谁又真舍得下呢！

家家户户打点行装，清理财物，一般将值钱的东西弄成一担，随身挑走。为了不遭日本鬼子凌辱杀戮，街坊上的人，不约而同赶快拾掇拾掇，准备逃难，打算躲到更偏僻的地方或往深山里去。

我家也不例外，母亲夜以继日地忙活着。换洗衣服和被褥，整了大小两个包袱，母亲肩背一个手提一个，还拉着我，有些值钱点的东西，就藏到厨房的夹层里。随着逃难的人流，我们也要走了。记得那是一个黄昏，母亲锁门前，又看了看我家堂屋里的一窝小燕子。它们很快要离窝放飞了，把门一锁，它们岂不会渴死饿死？可母亲顾不了那么多了，走时含着眼泪一步三回头地看了又看……

更可怜的是那条通人性的老黄狗。

老黄狗陪伴我好多年，我在襁褓里，它就呵护着我。母亲做事忙碌时，它趴在摇篮边，我们的眼睛在对视中有了别人无法理解的默契。后来，不到五岁的我跟着大孩子上学，母亲总是让老黄狗跟着我。这条聪明的老黄狗，每天护着我去，伴着我回。至于我上课时它是在操场里玩，还是回家了再来接我，已经记不清了。反正，我走哪儿，把它带哪儿。

这回逃难，我坚持要把它带走。我怕日本鬼子把它吃了。那会死得很惨！棍棒打死，捆绑淹死？不，只要我活着，就要带着它……

那天，老黄狗也一步三回头地对老家、对它的同伴恋恋不舍。开始，它像要断了念想似的冲在最前面，又时不时朝着老家方向，站站看看。我太小，走起来很吃力，老黄狗常常转回来，在我脚边蹭几下，摇摇尾巴，像是给我打气。我有劲了，母亲也亲昵地摸摸它的头，再上路。那情景，真是心酸不已还苦不堪言，记一辈子哟。

我们往后山里走。那晚，我们摸着黑，背着东西，踩着高低不平的泥路、山路，高一脚低一脚，艰难地行走着。在黑暗的夜空，不断听到远处的枪声，还远远地看到了火光，那是日本鬼子在放火烧我们同胞的房屋。我们心中充满了恐惧、仇恨，脚下却一刻都不敢停歇，随着人流朝后山的小路往密林深处去，实在困了，就挤在露天里过夜。

逃难的路上，大家都互相关照。有人架三块石头点火做饭，用完了也会借给我们再做吃的；路过茅草屋，躲别人屋檐下，主人还会叫我们进屋喝口水。那聪明的老黄狗啊，就常常替我们向好人们递去感恩的眼波，亲昵地围着他们转了又转，尾巴摇了又摇……

可就连这点“平静”都被打破。

记得那是一个上午，密林深处突然就有颗炸弹爆炸，一个母亲被炸死，可怜她待哺的孩子趴在血水里哭着要奶吃……也正是这时，我家那条老黄狗被巨大的声响和淋漓的鲜血惊吓住了，一阵狂跳，干吼了几声，连留恋我们的眼神都没留，跑了。

从此，通人性的老黄狗再也没有回来……

说完这个故事，何老眼里明显闪着泪光，我们个个早已泪流满面……

“老黄狗丢了，它像我的亲人……一辈子，我再没养狗，小时候的那条老黄狗满满地装在了我心里……”

此刻，紧挨湘江的中南大学，夕阳照着江水，波光粼粼，起起伏伏，水面上是大片的碎霞，像我们被撕裂的心，一直向北，向北，流向远方……

口述历史4：

坐在泥菩萨前面上课

我亲历了一个灾难深重的年代，承受过如今孩子无法想象的磨难。那时，我常常在母亲累得睡去时，在她的怀里，眼泪偷偷地顺颊而下，气恨交加，又无可奈何；有时，恨恨的心里，气没处出，憋屈让自己喘着粗气。

1940年夏，日军的轰炸一天比一天厉害，我们被迫停学。母亲开始是不想离乡背井的，可钻山林、躲空袭，把老黄狗也丢了，最后父亲让我们母子向他靠拢。历尽艰辛，一家人终于在交通和信息格外闭塞的新田（今天的永州）会合。

父亲听说我们一路上的灾难后，下决心一家人再不分开，第一件事就是让我马上进了新田的中心小学，仿佛想快一点平复我内心的创伤。

中心小学建在一座庙里，庙四周为褐红色的墙，那是一座火神庙。我们常坐在泥菩萨前面上课，格外安静。那时，历经磨难的我，是多么珍惜来之不易的学习时光。

当时的新田还保留着城墙。城里有东西南北四个门，火神庙是在南门，东、北、西门分别是龙王庙、财神庙和娘娘庙。逢年过节，各种热闹的民俗活动，都以这四座庙为中心开展。

比如中秋节，家家户户都有一棵树，树上挂着月亮灯笼，一如今天的圣诞树。再如元宵节闹花灯，我常常挤在人群中，能猜对很多谜语，还能在写对联的老先生面前对上几副对子。伴着对我的夸奖，父母的脸笑得跟花灯一样灿烂。

新田交通闭塞，除了敌机经常空袭之外，暂时还没有日本鬼子来。我刚去时就感受到那里的人们十分重视传统文化，特别是赏联的氛围很浓厚。一旦有红白喜事，各家都要送上一副对联，然后一堆人在那里品评，从隶书到行楷，从柳体到魏碑，从颜体到狂草，各种字体的书法作品都有。

湖南自古人文鼎盛，素有尊师重教的传统。所以，每当逢年过节，或遇喜丧，新田县城的人时兴写副对联送人。可小县城里有文化的人不多，人们只好找学校老师帮忙，老师忙不过来时，就找学生代写。我那时就总被老师叫过去。

通过一段时间的书法学习，我便在逢年过节时帮人家写对联，受到乡人的赞扬与鼓励。事实上，写板书、墙报、对联，成了我最好的书法启蒙。从此，我与书法特别是楹联书法，结下了终身缘。

让我记忆深刻的是，我所就读的学校，老师要求每个学生每天必须交一张大字和一张小字作为家庭作业。写得好的，老师便用笔画一个圈儿。在此激励下，我的字越写越好，圈儿也越画越多。

每逢寿诞，婚庆，孩子三朝、满月，或者店铺开张等红白喜事，当地人有送对联的习俗。这种习俗事实上营造了一种相当于今天的出版和展览的氛围，大家看着风格各异的春联、寿联、姓名联或者挽联，互相欣赏，评头论足，我因此也受到了熏陶。

可越往后轰炸越频繁，教室不能坐了，东家躲西家藏也混不下去了，大家就躲进山里。实在无法上课时，国文老师就在树林里给我们讲故事，其中有讲到过神出鬼没打日本鬼子的美国“飞虎队”。

印象最深的是陈纳德将军。国文老师讲，陈将军带领他的空中战队和日本飞行队顽强对抗，听得我们个个摩拳擦掌，恨不得一天就长大，也像抗日英雄那样上战场、杀鬼子。

尽管这些都不是国文老师的讲课范围，但老师讲得非常详细，非常投入，目的就是激励我们：

无论多难，都要发奋学习，长大了报效祖国。

口述历史5：

从小遭罪，是因为我们落后

记得那次历险后，好不容易我们一家人在新田团聚，总以为在这偏僻的山区飞机不会来，我能在安静的教室里上学了。可就有那么一天，下午放学回家时，母亲急匆匆来接我。见过火车被炸的惨景，老看天听音的母亲被那天的黑云密布、一片片黑抹布式的“灾云”弄得惶恐不安。比日本飞机轰炸更可怕的是，到处传言日本鬼子要来了。母亲匆匆赶来接我，就是要带我早早地躲进后山。

我是家里的独苗，原本上面有个姐姐，一个漂漂亮亮聪明伶俐的小女孩，却在两岁时夭折了。为此，母亲只差没有随她而去，痛苦揪心了一辈子。轮到有我了，因对早夭的女儿难以释怀，母亲把我打扮成了小姑娘模样，给我扎小辫、穿花衣，以此分散一些痛苦。所以，我从小是以男童女装的面目生活在小伙伴中的。稍大点，我也反抗，可我一换上男童装，母亲就不开心。也许，就因为那身小花衣，我成了山村儿童游戏时的一个怯怯的观众。

怯怯的性格让我有了被欺负的经历，那是在新田中心小学读书时发生的一件事。当时，全班只有我一人讲浏阳话，就有些孤独，还有被戏弄的时候。有一次，快下课的时候，有同学发现讲台下有老鼠，大家都去打老鼠，老师看到后，自然会批评指责。此时，全班同学一口咬定是我干的。喜欢读书的我，第一次向母亲提出，不想在那儿上学了。

可就在这时，新田也遭轰炸了。

就在母亲接我准备躲进山里去，我平日最讨厌的那几个同学来我家叫我，说："国文老师决定，带我们到树林里去上课。日本鬼子炸得了我们学校，炸不了我们学习……"当时，我那个感动啊，没法形容。什么过节儿？什么记恨？那一刻，都烟消云散。只知道我们是兄弟姐妹，只知道我们要团结一致。

一次次钻山林，同学们互帮互助，你拉着我，我拉着你，亲如一家人。很多父母不放心，想把孩子拉在身边躲空袭，可我们这些同学一个都不愿离开我们的班集体。我就是其中最坚决的一个。

母亲失去姐姐后，对我尤其看得重。她一次次让我回家，说父母两人保护一个孩子，安全系数大得多，可我就是不愿去，母亲只好一天天跟着我，直到看到我跟老师、同学在山里很安全也很融洽，这才放心。当然，母亲的大爱，我是理解的，她一生都跟着我，从未离开她的儿子，直到她去世的那一天……

一天，国文老师找来一个从衡阳逃难来的邻居，那哥哥大约上初中的样子，他说了他看到的衡阳遭日军轰炸的惨烈情景。那真叫不堪入目，惨不忍睹！有父母双双被炸死、襁褓中便成了孤儿的孩子；有手脚分离、脑浆迸裂、辨别不出是谁的人。肆虐的炸弹不停地泼洒着罪恶：附近的大片民房，有的全部烧毁，有的炸烂，有的还在熊熊燃烧；弹坑一片接一片，衡阳的上空硝烟弥漫，街上、地上到处是大坑小窝的，尸骸遍地；老人、孩子还有很多失去亲人的人们，哭成一片……而这些遭受心灵剧痛的人们，这些受尽折磨的可怜人啊，伤口未愈，又要开始流浪，开始逃难。

那天，我注意到那个哥哥，心碎、哀伤和惊恐写在他脸上，那种惊恐，我至今想得起来。

那天，说到校园都成了瓦砾的时候，他哭了。

我们全班同学没一个不哭的。

这时，国文老师说话了："今天的故事让大家听得毛骨悚然又辛酸压抑，是吧？为什么日军这么霸道和残忍？他们没有因枪口对的是手无寸铁的幼童而于心不忍，没有因屠刀下躺着的是战战兢兢的孩子而手下留情。日本鬼子对中国人的残害和杀戮是肆无忌惮的，是没有底线的。仅一个衡阳，他们就投下了多少炸弹和燃烧弹！"

当时，连女同学都说："等我们长大了，也要造大飞机，赶跑日本鬼子。"

那一天啊，我感觉我们从未有过的团结一致，从未有过的就是一家人，从未有过的共有一个目标——长大了，要向侵略者讨还血债！

多少年以后，我们中虽然没有一个是当空军的，却都带着对日本侵略者的仇恨，成了强国队伍中的一员。只有一个同学，死在日本侵略者的铁蹄之下，这是很多年以后我才知道的。

上大学时，在图书馆，我查阅资料了解到，从“七七事变”到日本投降这一时期，日军的铁蹄共造成3500多万中国人死亡，其中就有近220万儿童。

空难后衡阳的惨景，是我童年听来的一段血腥的历史，一辈子都记在心上，一辈子都忘不了日本侵略者在我们国土上所犯下的滔天罪行。

从那时候起，我就知道，我们从小遭罪，是因为我们落后。可悲的是，我们干受欺负，却无力反抗。这应该是我日后尤其发奋的动力。

我的一生好像一直延续了小时候躲空袭时的那股子劲儿：

你不要我上学，我偏要更好地学；

你想让我认命，我偏不信这个邪；

没有老师自己学，没有教室山里学。

口述历史6：

顶住，抗战胜利就好了

原以为，新田有我的父母，没有飞机炸弹，没有日本鬼子，近半年，我慢慢睡得安宁，少了噩梦。可是，新田的学习条件很差，当时长沙沦陷，印刷厂被占领，所以我们上课根本没有课本，老师在黑板上写，学生就在下面抄。更可恨的是，空袭警报又在这偏僻的地方频频拉响，我略好的伤疤又被揭得鲜血淋漓。

1944年，是抗战特别艰苦的一年。

我永远记得，一次我们在静静上课，不久就响起了警报，大家来不及跑到后山去，老师就让同学们爬到课桌下面。大家都屏住了呼吸，仿佛可以听到自己咚咚的心跳声。

一秒，又一秒，时间过得太慢。

突然，一个女同学哇的一声哭了起来。大家实在憋不住了，纷纷爬了起来，要往外跑。

老师真了不起，他索性让大家坐到座位上，说："现在飞机正好不在我们头上，大家不要乱，我继续给你们上课吧！”

平常一有警报，同学们立即跟随老师躲进后山里，或隐蔽于山沟中。事实上，学校已经没了固定的校址和教室。同学们上课，有时在各家各户，有时在树林里。学校也没有统一的课本教材。教材大都是教师在黑板上写，学生在下面抄。

老师一般是巡回上课，学生自己安排写作业的时间。那时，我们常在地上写字、做算术题，有时还分组讨论。当时有个顺口溜，是我们艰苦读书的真实写照：“没有老师自己钻，没有课本老师编，没有桌子趴膝盖，没有凳子搬块砖。”

敌情紧急时，老师先把功课讲给优等生，再由这些学生讲给大家，艰难困苦中也尽量不耽误课程进度。当时的我，是这其中之一。常听老师叹着气表扬我们：“形势逼着这些可怜的孩子早熟觉醒，他们实在该天真烂漫的。”当时，我们师生们都憋着一口气，在困难时，最能凝聚人心的一句话就是：“顶住，抗战胜利就好了。”

我们的流动学校在老师的带领下，专找僻静处、树林里席地盘腿读书写字……当时艰苦的学习条件，反让我们的积极性特高，带着“要争一口气”的动力刻苦学习。怄了一肚子气，我们都在争气……

就连无法进行的文体活动，也在师生们强身健体学好知识中开展得有声有色、富有特色：

我们在河套里跑步；

我们在沙滩上翻跟斗；

我们在山坡上唱抗日救亡歌……

如此这般，在附近十几个流动点流动，流动学校成为抗战时期摧不毁的学校。也就在这样艰苦的条件下，我断断续续读完了高小。

永远阳光，自信，不卑不亢……日寇铁蹄下边抗争边学习，绝地里另类反击，绝望中充满斗志，这种心态影响了我的一生。

事实上，这种锻炼和考验为我自身的成长带来了坚强、斗志、胆略和不屈不挠。

新中国成立后，我的小学同学大多数参加了国家各行各业的工作，为国家的建设和发展发挥了重要的作用。现在回忆起来，我们都倍感欣慰和自豪。

口述历史7：

“还我河山”四个字，我几乎练了一生

有几次，空袭紧逼而来，我们还来不及撤离教室，就响起了警报，老师只好让同学们就地躺在课桌下。在敌机刺耳的呼啸声和大地摇动中，我和同学躲在桌子底下，防备房子塌下来。

巨大的轰鸣声，惨烈的爆炸声，忽近忽远，很多女同学吓得哭起来。憋屈在课桌下是多么的无奈无助，每一分每一秒都那么漫长，恐惧、紧张，让我们只能听到自己的心跳……我们的国文老师，一位忠贞的爱国者，每次空袭过后，都会在黑板上奋笔疾书写下“还我河山”四个大字。

那以后，国文老师每次上课前，总喜欢在黑板上用粉笔题上一首诗或几个字。最令我难忘的，还是“还我河山”这四个字。后来结合楹联书法的爱好，我将小时候不知写了多少遍的这四个字，不停地写，到现在也没断过。这四个字，我几乎练了一生！

更重要的是，国文老师借此机会给我们讲祖国的地理历史，壮美的山河，悠久的历史……

即便头顶是肆无忌惮盘旋、扫射和投弹的日本飞机，国文老师依然从容地将小黑板挂在树上，坚持着给我们讲课。他是用行动告诉我们，要自强，要奋斗，要有真本事跟这帮侵略者抗衡。

在慷慨激昂地怒斥侵略者的血腥罪行时，他还不忘一遍遍地加重语气：“同学们，学好本领，长大了去讨还血债，去赢得尊严！”

为了不让我们害怕，老师们还想方设法用劳作课填补我们的空余时间。那个时候的老师真是非常敬业，非常认真。劳作课上，老师都是就地取材，教我们动手，特别是在北达高小。比方说，老师告诉我们怎样用桃核刻成一只坐着还捧着脸的猴子，用小木头片、小竹片做飞机，还做汽车，尽管那个时候谁都没有看见过真正的汽车。看到过日本鬼子的飞机，课上同学们把它们做出来，也都活灵活现。更多的，我们会用黏土捏成各种各样的动物。所以，我从内心感谢我的老师，在抗日战争那种艰苦条件下，给了我们知识，让我们学到了很多的东西。

而老师给予我精神上的滋养更是影响了我的一生。还记得，国文老师在树林里经常讲抗日故事，像淞沪保卫战里面的上海四行仓库战斗，四百多人击毙了两百多日本鬼子，他们只牺牲十几个人，打破了日本鬼子不可战胜的神话。那气壮山河的故事，让我一生都记住了四行仓库保卫战。

战争的残酷使我们这些孩子只能过早的坚强和成熟：

面对杀戮，我们懂得要奋起；

应对恐惧，我们学会团结互助；

受尽屈辱，我们立志讨回尊严。

几十年后，当我回忆起这段往事，尽管双目喷火揪心疼痛，但还是觉得这些经历让我们早熟，最重要的是觉醒：要想不受欺负，我们自己就要强大！

也正是这份铭心刻骨的记忆，我日后走上为祖国探矿的道路。大好的河山是我们自己的，要把我们的宝藏探测准、开发好。我的实验室就是大自然，在这个平台上工作，一花一草、一沙一石，我都必须珍惜。我太知道，和平环境来之不易，美好的家园多么珍贵！

口述历史8：

补习班里的抗战义工

我一辈子热爱老师这职业，跟我儿时敬佩的几位老师不无关系。

有最初记忆的那位老师不是一位正式老师，照现在的话说，该算代课老师，但他是一位让人敬佩的人。新中国成立后，我到中南矿冶学院之后，曾去找过他。可惜，他因病去世太早。

很想报答他的，却没能如愿。

只记得，他姓陈。

1937年“七七事变”爆发后，长沙慢慢开始遭到日本飞机的扫射和轰炸，浏阳也不例外。家长们为了孩子的安全，希望在普迹镇附近但又安全的地方就学。这其中，就有“普迹保庶小学”。

这位陈老师是当时的倡导者之一。

他不但不拿一分钱的报酬，义务为小学生上课，而且有时连教学用的粉笔、小本子，也是由他自己掏钱买的。教学设备简单，除了几块小黑板、几包粉笔和一点红墨水外，几乎一无所有。上课用的桌子和椅子都是学生从家里搬来的，或单人用，或两三个人合用一张。但是，学生们不要交一分钱的学费，完全得到免费义务教育，家长们因此纷纷送孩子上学。这也许是当时的浏阳绝无仅有的。

由于经费有限，上课的条件当然也差。就在从普迹镇曾被冲走的道路旁的小山坡上的一个小庙里，庙前有几棵柏树和鸡枣树，在庙门外挂了块很小的牌子，上面写着“普迹保庶小学”，我们就在殿里上课了。座位分成四行，每行就是一个年级，有七八个学生。课程包括国文、算术和音乐等。只听说，有个在长沙做生意做得蛮大的张姓人士还资助过，那时也叫善款，只是没有现在的“捐资助教”这么准确。但国难当头，谁都把牙咬得咯咯响：“我们这辈正遇国弱民穷，被人欺负，但不能让侵略者的阴谋得逞。他们不就想中国亡吗？有我们的后代，有我们的孩子，让他们学本事，长大了雪耻报国，中国不亡！”

学校总共就只有一位老师。

陈老师给一年级上课的时候，其他三行同学在一旁做作业，然后老师又上二年级的课。上四年级的课时，一二三年级都在等。这时，同学中有写完作业出去玩的，有离家近的溜回家吃点东西的，我是不溜不跑的几个学生中的一个。

那状况还真成全了我，完成作业后，我往往是从一年级上到四年级，懂的、不懂的都听了下来。后来想，我在那种战乱之下、颠沛流离之中，从浏阳到新田，再到宁远后到长沙，居无定所，学无定校，居然还能连续跳级，跟陈老师的敬业分不开。他是不拿一分钱的，也就是今天的志愿者，还那么执着认真，确实值得敬佩。

在那样的非常时期，那么艰苦的环境下，陈老师还兼任音乐课老师。讲课讲累了的时候，他教我们唱《松花江上》和《大刀进行曲》等流行的抗战歌曲。每到这时，歌声就像吹响的号角，散在各处的孩子们都会跑回教室，大声地跟着唱。大家还特别喜欢唱“大刀向鬼子们的头上砍去”，一边唱，一边做着砍的动作。

每学会一首歌，我们似乎——

以此忘了那段恐慌的岁月，因为我们在歌声中找回了快乐；以此更记住了那段激情岁月，因为我们团结一致与日寇抗争。

但是，往往是课上得正精彩，我们听得正入迷的时候，警报拉响了，日本飞机又来骚扰。

全普迹人纷纷疏散，陈老师只好赶紧停课，让我们回家。每次一步三回头地舍不得那教室啊，舍不得陈老师，我们就恨小日本：“让我们把今天的课听完你再炸吧，有你们这么无聊无赖的，活生生把我们最快乐、最享受的剥夺掉。”

照母亲骂的就是：“遭天打雷劈的日本鬼子哟……”

遗憾的是，因为日军的飞机越来越频繁地轰炸，后来为了生存，母亲带着我流落他乡，往偏僻的新田去……

在保庶小学读书的时间短，学校很小，但却永远烙在我心里了。尤其在我自己也当了教师后，那段经历对我更是无形的激励。

口述历史9：

我那片温润翠绿的竹林哟

就是那次反方向跑，救了我一条小命。

不久，母亲带我躲入附近的山林，也遇到空袭，还把老黄狗丢了。再这样临时躲不行了，父亲一直在新田工作，那时他在长沙考上湖南省银行行员，因没有背景，被派往偏僻的新田。母亲就带着六岁的我逃往湘南。

那段逃难真是死里逃生，让人刻骨铭心！

最初的计划是从长沙乘火车取道郴州，然后步行到新田。可火车开过株洲不久就停了，因为渌口的桥被日本鬼子炸断了，在等待工兵修复。我们等了一夜，到第二天中午，说好的通桥连影子都没有。

我们娘俩又累又困又饿，连一口水都喝不上。

那时我就想：什么时候到父亲那儿，就再也不走了，不坐这烂火车了，就坐在教室里学习、上课……

饥寒交迫中等待桥梁修复还不是最恐怖的，接下来的空袭才真要人命！空袭飞机盯上了瘫痪的火车——一个人员密集的大目标。饥寒交迫之时，突然听到飞机轰响，又饿又困的人们像受到惊吓的兔子，全从座位上一蹦而起，撒开脚丫子没命地逃。有一个地方，是众人都瞄准的安全栖身地——斜前方那片茂密而翠绿的竹林。

那天，大约有三次空袭。

每次空袭，听到飞机在远处的声音，我跟母亲都随着人流朝那片竹林跑啊奔啊，来回几趟累得半死，但敌机飞过又没丢炸弹。惊恐劳累之后的人们都不敢睡，石头上、朽木旁到处都坐着人，还不敢出声。

怕啊！

这时，母亲有意分散我的注意力，指着茂密的竹林，打着哑语让我欣赏那片美丽。

确实，那成为我一生记忆最深刻、最凄美的一片竹林。

遮天蔽日漫天的绿呀，绿得那么温润，那么亮眼。伴着清香的空气，阳光从翠绿中细碎地洒下来，绿油油中点缀些黄灿灿的，如油画一般。加上旁边有条清澈蜿蜒的溪流，整个画面古朴自然，如山水画廊……我因此永远地记住了那片竹林。

过了好一阵也没动静，许多人害怕桥修好后火车开走了，就又纷纷回到火车上。他们猜想：这些日本飞机也许去执行什么任务路过，也许就吓吓我们，不会将炸弹丢在稀稀拉拉的无辜平民身上。几趟飞机轰鸣着过后，火车完好无恙，大家也变得麻痹了，有人干脆听到飞机声也不下火车。

惨案就在这时发生了。

是在第三个回合，日本飞机飞来了，俯冲着朝火车扫射。在人们全都麻痹的时候，日本鬼子返回来，来了一场惨无人道的空袭。

太突然了！幸亏母亲不敢有侥幸心理，飞机远远飞来时，她强拉着我跑下来。扫射时本能地趴在裸露的地面上，我的小脸贴在泥水里，眼泪生生地流了出来。可母亲还想往那片翠绿的竹林去的，眼看着在奔跑的人群中，火光、焦煳、流血，一片混乱伴随撕心裂肺的哭声，有亲人被打死，有孩子在混乱中丢失……我们跑不动了，也不敢跑了。母亲在飞机扫射的间隙背起我，在不远的田埂间一处草丛边趴下。她是在赌命认命：不跑了，是死是活，听天由命。

可就这样了，可恶的日本飞机还是俯冲下来，像疯狂恶毒的老鹰追着地面的小鸡，用机枪追着地面的人群扫射。当时，我连飞行员都看得真切。子弹从低飞的飞机里喷发下来，带着"嗖嗖"的尖叫声，从我们身边穿过。母亲捂住我的嘴，生怕我被吓哭，哭声会暴露目标；再捂住我的眼，似乎万一被射中，临死也别看到噩梦般的残酷……

那时候，真是比谁命大，幸运的就躲过了，倒霉的就被打中了。一个三口之家，丈夫被机枪打中了肚子，肠子流出来，很快就死了。妻子抱着孩子在丈夫的尸体旁哭昏过去……

幼小的我就这样太早亲历战争的恐惧，看到了太多的悲伤和绝望，更看到了日本侵略者的横行霸道和惨无人道，也体会到同胞失去亲人的痛苦。同时，我心中也埋下了对日本鬼子刻骨的仇恨……

可我们万万没想到的还有更可恶的残酷：日本鬼子在结束轰炸返回时，又朝那片美丽的竹林扫射一番，再丢两颗炸弹，走了……

“轰——”

“轰——”

啊，我那片美丽温润的竹林哟！

又何止是那竹林？

多少母亲抱着孩子，多少儿子挽着老母亲，多少家庭想躲过这一劫，多少像我一样的孩子还在竹林里玩耍……

现在，那竹林里是怎样的血肉模糊，是怎样撕心裂肺的哀号？

那天的母亲，从惊恐中缓过神来，就没停过双手合十。

为更多的亡灵，也为自己的幸运，祈祷。

那天的哭声，从美丽的竹林传出，就再没从耳边消失。

为自己的屈辱，也为国家的羸弱，记住！

说到这儿，我们跟何老都沉默了。

很久，欲言又止，欲哭无泪……

口述历史10：

一身傲骨，全冲着自学去

儿时记忆最深的，就是躲飞机。

匍匐在田埂旁，听机枪子弹在耳边呼啸着穿过；躲进山沟里，看国文老师在黑板上奋笔写下“还我河山”；长沙沦陷，衡阳失守，我们没有课本，躲飞机时还在看手抄的书。

我原本应该算个有灵性的孩子，三四岁就能背《三字经》《百家姓》，五岁就跟着比自己高一截儿的孩子上小学。那时，母亲外出打工，为保证我的安全，就让我跟着一些比我大的孩子一起读书。

记得当时我们的教室就是山里一座小庙的大殿，里面有四行桌子，一行桌子坐一个年级，年龄最小的我就坐在第一排的最左边。

我们只有一位老师，姓陈。

陈老师是个很有民族气节的中国人，每天都教我们念：“我们是中国人，我们热爱祖国。”他讲课时先给一个年级讲，讲完后再给另一个年级讲，一节课他要给四个年级讲课。

物质条件缺乏，没有纸笔，大家就捡软石头在石板上练字；没有新教材，大家继续读《三字经》《名贤集》等，大约一年后，我们才领到新课本。

就是这样，最小的我考了第一名，虽然年级只有八个人。大概这样读了一年多，日本鬼子要来了，连小庙也不能待了。

后来，经过艰苦跋涉到了新田和父亲团聚，我到了一所公立小学上三年级。历经磨难有了书读，我满心就是想多学点、长本事，将来要向侵略者讨还血债，也赢回我们丢失的尊严。

没承想，日本侵略者的炸弹又追到了这里。

一家人虽说找到了落脚点，却仍然要躲飞机。

那种不得安宁的焦躁和无奈，在我心中沉积了越来越多的仇恨。

那时，所有科目都买不到教材。“老师有什么本事就展示什么本事，在黑板上写什么，我们就抄写什么。其中也包括对联。”课堂上，大家常学老师写字掐句，下课铃一响，便拿出来相互较量。

战乱年代也见不到报纸。老师只好自编自印，张贴在墙壁上，多是最新的抗日消息和学生作文。我当时写了一篇《有强权无公理》的文章，它也是我至今引以为傲的一篇文章。那时，钢笔还是奢侈品，密密麻麻的字儿，我全用毛笔写成。

轰炸越来越频繁，我们只能停课在家自学。

日本鬼子不给我们安宁，让我们有学不能上，我偏要学，自学也要把书读好。那时，无论躲到哪里，我都带着老师给我们印的小册子。父亲还给我出了好多公式、算术题，我就反反复复地背呀练呀。只要没轰炸，我就能静下来；只要谁有课外书，我就借过来看，几乎都能倒背如流。正因为成倍地读书，顽强地自学，二次辍学后，我居然从小学三年级跳级到小学六年级。

当时的小学分初小和高小，初小四年，高小两年。读初小，我断断续续读到三年级，又辍学了，因为要躲空袭、躲日本鬼子。

1944年秋，我家在西门附近租了一间房子，在北达高小的对面。北达高小正在招二年一期的插班生，我去报名参加考试，被录取了。这次跳级，对我来说有点紧张，中间有两年的课都没读过，又正赶上抗日战争特别艰苦的一段。只上了一个多月的课，又因为日本鬼子逼近，学校被迫停课，让师生各自回家逃难。我们一家和邻居结伴，又一次加入了逃难的队伍。

新田、宁远、长沙，逃难、饥饿、居无定所……在颠沛流离中，我度过了少年时代，断断续续地读了小学和初中。高中没法读，砍柴、挑脚、送货之类的力气活儿全都摊上了。苦点累点我都能承受，最令我痛苦和不甘的，还是一次次失学。多少次，路过书声琅琅的学校，“馋”得呀，羡慕呀，我站在那里很久很久都不愿离去，即便走了，还一步三回头地望……

一再地失学，让我更发奋地自学。我找原来的同学借来课本，通宵地抄，再把抄来的课本反复地学。连我自己都吃惊，那一身傲骨，全冲着自学去了……

口述历史11：

我们的政治就是自强报国

1931年，战火吞噬了多少中国孩子应有的童年快乐，整整一代人在烽火硝烟中长大。

新田因地处偏僻、交通闭塞，日本鬼子只是轰炸并没占领，但也有了许多明显的变化。除了空袭和紧张的气氛之外，开始有了抗日的标语和宣传画，不断地有各种集会、讲演和游行，还有就是来了许多不愿做亡国奴的外地难民。他们携家带口，从东北、华东等地来到偏僻的新田。包括我家在内的外地人，无论大人小孩，很快就熟悉了，相互往来。大家聚在一起，说得最多的话题，就是各自耳闻目睹的日本鬼子的各种暴行。

来自吉林的强子哥说："鬼子强迫我们学日文。可我们哪怕读不上书，也坚决不上日本人办的学校！"

强子哥还告诉我们，在沦陷区成长的孩子，都知道“五不”：不上鬼子学，不听鬼子话，不吃鬼子糖，不给鬼子实话，不受鬼子骗。

他一路逃难而来，路上不断听见抗日的歌声，特别感染人，有《义勇军进行曲》《松花江上》《大刀进行曲》等。还有人在街上响亮地喊：“中国不会亡！中国不会亡！”最来劲儿的是，跟几个准备上前线的大哥哥同在火车上，听他们勇敢地说：“同鬼子拼命，打死一个够本，打死两个赚一个！”

强子哥满口流露出的羡慕，深深地感染着我，我恨不得一夜间就能长大，也上战场杀鬼子。

在日本侵略者的铁蹄下生活，我开始有了自己的偶像，有了心目中的英雄。“牛儿还在山坡吃草，放牛的却不知哪儿去了……”叙事民歌《歌唱二小放牛郎》传颂着抗日小英雄的感人故事，我听说了，还慢慢学会唱。

后来，我查阅到，郭沫若先生在1941年3月27日的报纸上撰文称赞：“孩子是天国中最大者。我是坚决地相信着，就要由这些小朋友们——永远的孩子，把我们中国造成地上乐园。”

除了上课外，我就是不停地写，咬着牙练，从“还我河山”写到“还我尊严”，从“爱我中华”写到“中华崛起”。我的毛笔字，几乎是同学中最好的。战乱年代见不到报纸，我们把老师自编自印的教材，张贴在墙壁上，也找来最新的抗日消息和同学的好作文，当宣传抗日内容。

只要是宣传抗日，我就是最积极的一分子。写板书、墙报、对联，成了我最快乐的抗日救亡活动。正是这份铭心刻骨的记忆，正是不间断地在学习中鼓劲，在练习中励志，学习、生活、练书法都与爱国紧紧联系在一起，渐渐长大的同时，我要为中华崛起而努力的决心也在增强。

我去长沙读高中，只读了一个学期。

第二个学期只读了一半，就因通货膨胀交不起学费，我再度失学了……

这里面，战乱因素是主要的，还有一个关键因素——父亲突然客死他乡。原本，父母只是想在新田避避难，战争结束就回浏阳。但是父亲再也回不了浏阳，家里的顶梁柱突然倒下，原本还完整的家顷刻间倒塌了。

可我父亲，他一直都想回家乡的呀……

一个孩子就是想上学，一个家庭就是想安宁，多么简单而平实的要求，不算奢求呀，可轮到我和我的家，就如虚幻的梦，我因此一生痛恨日本鬼子。

记得反复失学后，我的第一个理想冒出来：长大了，我要当兵。然而，命运没有给我这个机会，而让我逐步走向了科学。从小一直贯穿的理想成了我最大的政治：学好本领，练硬功夫，用真成果自强报国。

口述故事12：

睡觉都最好睁一只眼睛

恶魔的突然探访，就在一个平静而普通的晚上。

硝烟和血腥在瞬间洪水般涌来，很多人还以为是电影的虚构，可真到了窒息而亡时，才知噩梦跨越了几十年，一夜间复活……

这是我上周做的一个噩梦，悲剧重演呀，自然吓出一身冷汗，儿时的一幕又回来了……

那是第二次逃难。头两天，就看见母亲那裤口袋里鼓鼓囊囊的，她还时常摸摸，生怕在逃难时跑丢了。母亲不让我看见，可我知道，那是一块小毛巾或干净布，是遇万一堵我嘴用的。母亲听了太多孩子被炮火吓哭而暴露目标的故事，万般无奈下也做了准备。在那种情况下，用手活活捂死襁褓里的婴儿，或是用毛巾堵着两三岁幼儿的嘴直到气绝人亡也不松手，类似的事情多有发生。那些母亲呀，都一个“死脑筋”：让孩子死在自己怀里，也比死在日本鬼子的刺刀下强……

我那时已经五岁了，可母亲还是怕，随时准备着。

而我，那段时间不发一点声，几乎把自己逼成哑巴。

其实，一个五六岁的孩子是本能地害怕。

在大人们的议论中，老幻想寒刀逼近，皮靴“咔咔”踩上身，或被抓去再也见不着爸爸妈妈。那是怎样的怕呀，后来才知道这样比喻比较准确——人间地狱、鬼怪频出。

现在想起来，那么多的噩梦般的白天黑夜，我是在怎样的恐惧中一分一秒地熬过来的。尘封的血泪已经风干，那时的亲历者也一一老去或离去，这些巨大伤疤，如何能让人忘记，又怎么能让人血淋淋地再揭开？人人强则国强，国强之佑下，我们才不会误入重演的悲剧中。

我又想起几十年前的一个晚上，我和镇上的那群孩子，猛然听到枪响，还以为是放鞭炮；看到红绿信号弹，还以为家乡最好的烟花又划破夜空。一群孩子呀，还为看热闹翻爬墙头……直到真有人倒在血泊中，真听到凄厉的哭喊声，才知道恐惧，才知道往家跑。可家也马上没了，那些缺乏警惕性的大人们，在飞机轰鸣声逼近的同时，没反应过来就被炸死。他们哪里想到，好好的一个朗月之夜，自己再也见不到第二天的太阳……

今天的中国人，再不是我们儿时那群不谙世事的孩子，而是有过血泪教训的成年人。还能麻痹？还能侥幸？我们必须随时防范，警惕到睡觉都最好睁一只眼睛。

“绝不能啊，淡忘一个民族屈辱的历史……”

何继善反反复复的失学求学过程，最后终结于长沙的云麓中学。那正是旧中国临近解放的前夜，国统区内一片乱象。昨天可以买十斤米的钱，今天就只能买一斤米了。这对于贫寒人家而言，无异于一片树叶在生活的激流中沉浮。好不容易走进中学的何继善，却因为交不起学费和伙食费而很快被学校拒之门外。

再次失学，切断了少年何继善曾经漫长的学业梦想，他很长一段时间在家自学。正是这种生活的逼迫，让他一生受益：无论任何时候都有很强的自学能力。但当时，残酷的现实把何继善从长长的梦想中拉了回来。

迫于生计，辍学后的何继善到一个盐店里打工。那当然不是他想去的，却又是他不得不去的地方。因为那份工作可以养活自己。

但是，简单重复的工作并没有麻木那个多梦的少年。一次，何继善偶然得知，一个专门培养矿山化验员的训练班要招学员，抱着试一试的心态，他去报了名。

第三章 青年时期

那天见面时，师生们聆听了何老慷慨激昂的演讲：

“今天的你们，没有经历过那段被蹂躏的黑暗岁月，想象不到日本军国主义的残忍，不懂得自己的民族要自强自爱，到了日本，直盯着别人的好，而淡忘曾经的屈辱。自强的同时，我们还要防范。现在，一些日本人仍然没有吸取教训，还在做他们的掠夺梦。当然，总活在过去的历史中是悲哀的，老记住仇恨也是悲哀的。热爱和平的日本人民是友好的，能学到他们的先进科学和管理技术，能让我们自己更强大，这才是最重要的。不忘历史，防范未来，学好本领，强国固土。学先进科学，却决不可思想麻痹，不能让历史的悲剧重演！”

命运中的第一盏灯

矿山化验员的训练班要招学员，何继善去报考，竟然被录取了。其实，那个训练班并不是何继善梦想中的学校，却是他可以进得去的学习场所，因为训练班是免费的。而且，他还知道，这个训练班的学员学成之后，能马上参加工作。

多梦的少年，仿佛一夜之间变得理性了。

学成之后的何继善，很快被分到湖南的一个钨矿，当了一名化验员。在当时，一名年轻的矿山化验员，是很让人羡慕的。矿山的工资，比其他很多工厂的工资，都要高。矿山里的很多年轻人，因为让人羡慕的工作和稳定的收入，或主动或被动，一个个很快地成家了。对此，何继善好像视而不见、无动于衷。

何继善的工作是无可挑剔的。作为矿山的技术员，他经常比矿工还像矿工。他吃苦耐劳的工作作风，大家都看在眼里。而且，年轻的何继善总能时不时干出一些事情，让人刮目相看。比如，到矿山工作不久，他就发现了一些新的分析方法和改进办法，并在《化学通报》上发表了一篇名叫《改进启普式气体装置》的小论文。那是何继善平生发表的第一篇论文。他还清楚地记得，当时得了20元的稿费。在那个偏僻的小矿山里，这自然会被众人看成了不得的事情。

何继善没有沉醉于众多赞许的目光。在周围人看来，这位年轻人的超然与淡然，似乎超出了他的年龄。

唯有在书本面前，他狂热地痴迷着。好久好久以后，几位矿山的旧识与何继善重逢，大家都说，只要一提起他，就想起当年那个人见人爱的年轻小伙子捧着书本的样子。在室友们围着牌桌并在脸上贴满纸条的时候，屋中一角有个年轻人，正静静地捧着书本，一动不动。那时那刻那情景，那位在喧闹牌桌旁静静看书的年轻人，早已经注定了跟周围人将有不一样的人生轨迹。

刚刚解放的新中国，因为百废待兴，处处需要建设者。当时的中学，很多成绩优异的学生都没有选择上大学继续深造，而是投入新中国建设者的行列。

有趣的是，身边这个不合时代潮流的读书郎，并没有引起矿山人太多的误解。也许，是因为这个年轻人的工作无可挑剔，又或者因为他的厚道与谦虚，也许还因为矿山里那些自称是粗人的人们，也看得出这个年轻人是天生为读书而生的……总之，痴迷于书本的青年何继善，得到了周围人一致的理解和支持。有时，他因放不下的化验或者放不下的书本，常常忘记去食堂打饭，室友们会帮他把饭打好，并端回宿舍。有几位老工人还会拉着这个书呆子，去自己家里打牙祭。

自从父亲去世后，何继善就没有了完整的家。没承想，到矿山后他找到了家的感觉。家的温情，对亲人的依赖，让他禁不住想起自己苦难的童年、国破家亡的岁月……

自学成了一种习惯，来到矿山后，何继善依然按既定的计划自学。他看书，并非在书海中毫无目的地漫游。他当时所读的书，指向性都非常明确：一是强化与工作有关的化学知识；二是自学高中课程。

1956年1月，国家提出“向科学进军”的口号。这位年轻的化验员，不失时机地向矿山领导直陈了自己的愿望：

——他想考大学。

领导没有流露出丝毫的奇怪，那表情就像早就知道何继善会有这一天，或者说早就应该有这一天。但是，报考时，何继善却遇到了一个大问题。按当时的规定，报考大学一定要高中毕业。而反复失学的何继善，不但高中没毕业，连小学也没毕业，初中是断断续续读的。对于这个难题，矿上的领导比何继善显得更从容：由矿山开出个证明，证明何继善经过自学，具有高中毕业同等学力。

那是一位质朴而正直的领导，全矿上上下下对这位领导无不敬重。就是这么一位领导，主动给何继善开出了书写工整又盖上大红章的学历证明。很明显，这位领导为一位有志青年打开了梦想之门。

那次考试对何继善而言，似乎是一个没有悬念的故事。

因为，为了那一天，他已经准备了很久很久。甚至可以说，从无数次的失学、求学、再失学、再求学的反复过程中，他始终就在等着这一天。一个人为一件事情准备了几千个日日夜夜，或者说为一件事情准备了十几年，与其说那个人对那件事应该有个交代，还不如说那件事应该对那个人有个交代。

各科全优的学生

1956年，何继善终于走进了梦寐以求的高等学府，成了东北地质学院的一名新生。刚刚走进大学校门的他，却没有别的同学身上那种常见的踌躇满志。恰恰相反，这位好静善思的年轻人，总感觉有一股不安如影随形地伴着他。

刚进校门时，何继善的学习成绩暂时跟不上别的同学，这个他早有思想准备。一个没读完小学、没读完初中更没读完高中的大学生，刚进校门时与同学有差距，是在意料之中的。何继善说，他虽然与大家都是一道儿从大门进入那所学校的，但在他的潜意识里，老觉得自己不是从大门进去的，而是从学校的围墙外悄悄翻墙进去的。

带着这种心态，何继善的大学生活是在谨小慎微中度过的。好在他与同学们的学业差距很快被拉近，到大学毕业的时候，何继善已成为全年级唯一的门门全优的学生。

在大学里，何继善感到一切都是新鲜的，因此也特别珍惜。不论什么事情，他都十分认真地去做。特别是，同学们选他做数学科代表，他感到简直是最高的奖赏。每堂课之前，他都要预习，把老师要讲的内容都弄懂，到老师上课时就剩下复习和重点关注难懂的部分了。有两次，他还发现了老师留的作业中的错误。除了数学，其他重要课程，他也都事先预习。

没多久，“反右运动”开始了。何继善遇上了一个特别的时间节点。这场轰轰烈烈的运动，白天晚上都在提醒着他，自己身上还有一颗“定时炸弹”。这颗“定时炸弹”才是何继善谨言慎行的深层原因，又是他揪心扯肺多年的所谓“历史问题”——“三青团”问题。

这莫名其妙的取不下来的“定时炸弹”哟，根正苗红的何继善，怎么就沾上了？其实，从头到尾，那就是一场误会。

在矿山化验员训练班学成后，准备分配到矿山前，何继善突然被告知，档案里有他在宁远上初中时的同班同学揭发他参加“三青团”的信。

他一头雾水：没有啊！在宁远泠南中学读书的两年里，他从未参加过什么团体，更没参加国民党的任何组织，怎么就有这张许多同学签名的证明呢？

那时，纵有多少张嘴都讲不清。

何继善又不敢找同学去问，怕被说是串通。

这件事直到1976年才真正核实清楚。全班统一加入“三青团”是初中一年级刚入学的时候，而何继善初中一年级是在新田云梯中学读的，二年级才转到宁远泠南中学。这事儿原本跟他没有任何关系。

但在当时，他只能夹着尾巴做人。

何继善后来所见所闻的一些事情证明，小心谨慎做事，低调平和做人，让他规避了太多风险，又在不顺达的时候绕道前行。

何继善进入大学的第二年，学校成了“大字报”的海洋。他像一个天生怕水的人，不但不敢下水游泳，甚至站在岸边都本能地离那潭水远远的。1958年“大跃进”运动时，何继善对“超英赶美”有无限的冲动，天天加班加点地搞科研，“二次谐波磁力仪”的研制，就是从那时开始的。

何继善在矿山工资高，到学校后享受师职干部的待遇，因此助学金要比别的同学高。每月除了吃、用等开支外，还有较多的节余，可以买很多书。何继善还常用自己助学金的三分之一，用来帮助困难同学。

每当回忆起大学生活的时候，他总是满怀深情地说：“是矿里资助我上大学，我是带薪学习的，我永远忘不了那些矿工兄弟。”他是以矿工兄弟呵护他的真情，来回报给他的那些同学们。无论什么时候，老师和同学们也都本能地保护着这个品学兼优的年轻人。

沉默寡言的何继善，在喧嚣的世界里静静地看他的书。读书绝不是无聊之时的无聊消遣，而是与他的梦想相连。

无论是在烽火狼烟的岁月，还是在艰难困苦的环境，抑或是在“背负污点”的时段，他都本能好学，以超强的毅力自学。应该说，他不仅靠学习在坎坷的人生道路上一一破关，还靠学习滋养和支撑他坎坷的命运。

坎坷一个接一个，似乎在考验着年轻的何继善。

他的考研，还没开始就已经结束。

1960年，何继善大学毕业，被分配到中南矿冶学院地质系任教。初为人师的何继善，开始在老师与学生的两种角色中不停地转换。在学生面前，他是老师；在诸多前辈们面前，他明白，自己仍然是一名学生。

在谈到他的教师生涯时，何继善用了长长的篇幅和长长的怀念来回忆他的恩师吴树基教授。吴树基教授并没有亲自教过何继善，但毫无疑问，何继善把那位没有给他上过课的老教授，当成了他一生中最敬重的恩师。

在何继善分来学校之前，他并不认识吴教授。来了之后，他也没有刻意去接近那位德高望重的教授，就像他从不主动接近别人一样。但是，这位同系的老教授却似乎没有这些禁忌。

两人最早的交结，缘起于例行的听课。年轻老师听老教授的课，老教授也听年轻老师的课，在当时是很惯常的教学活动。何继善很快发现，他的课那位吴教授课课必听，而且往往是静静地来静静地去，听完就走，从不多说。

敏感的何继善，很快知道了吴树基教授的大致情况。

吴树基教授原来是学冶金的，后自修数学，到湖南大学数学系任教。当教龄满20年时，按规定公派出国进修，他选择了美国普林斯顿大学。至于为什么，那是因为他希望见到爱因斯坦。后来，他的确如愿以偿了。

他本来是去进修数学，但同时又修了冶金学。

一个偶然的机会，一位德国地球物理学家到普林斯顿大学讲学，由于地球物理中有许多高深的数学问题，吴树基不但听了课，而且得了好学分。

学成后，他仍回到湖南大学数学系，任数学系主任。

1952年中南矿冶学院成立时，吴树基被调到中南矿冶学院地质系任教，并担任系主任，且长时间担任全国人大代表，担任“九三学社”全国常委和湖南省主任委员。

这么一位深厚广博的大学者，却如此认真地去听一位名不见经传的年轻教师的课，还每堂课都不落下。

这明显是一种刻意的关注。只是何继善还不知道，在吴教授刻意关注的背后，究竟藏着什么样的用意。

一天，吴教授突然对何继善说：“你去考我的研究生吧。”

何继善终于明白了吴教授关注他的缘由。某种意义上，吴教授的这句话，等于已经录取了他。对于一位刚出校门不久的青年教师，能有幸在这样的名师门下拜师求学，应该是求之不得的幸事。但是，何继善却婉拒了吴教授特意抛来的橄榄枝。

何继善告诉老师，他不适合报考任何导师的研究生，自然也就不适合报考吴教授的研究生，因为他是个有“历史问题”的人。

听完何继善的解释之后，天真的老教授满脸的不解：“这也算是个问题吗？”

面对吴教授的天真发问，何继善只有苦笑。他明白，要读吴教授的研究生，专业考试他有自信，但是政审这关他是过不了的。果然，老教授打听后得到的权威答复，证明了何继善的婉拒理由并非庸人自扰。

从那以后，何继善与吴教授的交流就不知不觉多了起来。原来那位不善多言的大学者，一旦打开了话匣子，妙语连珠就如飞流直下的瀑布，一发而不可收。在越来越频繁的交流中，何继善看到了一个纯粹的人，一个有着率真个性的人。

读研究生的事情，还没开始就这样结束了。

但是，何继善与吴教授的忘年之交却似乎刚刚开始。一边是眼睁睁遇上一位得意门生却不能招收，一边是眼睁睁望见名师向自己招手却走不进为他敞开的师门。现实的闸门，虽然隔断了两人之间的师徒之缘，但惺惺相惜却让这对忘年之交越走越近。所有的感慨皆化为彼此之间无言的关注。正是这种关注，从那个时候开始，何继善从好学走向了好强。

自学，他开始结合专业挑灯夜读，夜以继日；所谓“历史问题”，他置之不理，转为全面强化自身；教学，他结合难题攻关，背水一战；实验，成了劳累之后唯一的嘉奖，他的专业素养突飞猛进。就是夜里做梦，下铺的兄弟都听得到何继善喊的梦话：“强，强，强！”

恩师临终传承报国情怀

“文革”之初，何继善正带着学生们在安徽实习。实习的内容是由教学计划规定的，但实习的具体地点却由带队的何继善决定。

他深思熟虑后，把学生带到了一个特穷特偏的山区。

那是一个从石头缝里抠饭吃的地方。

满眼所见的贫困，让人简直不敢相信！但就是这么个穷地方，却是有名的红色老区，在革命战争年代为中国革命的解放事业贡献过力量。

学生们震撼了！

带学生们来这么个穷地方，何继善是用心良苦的。

当时的大学生中，脱离工农、看不起工农的思想苗头，已经越来越明显。

即便是农村出生的孩子，上了大学之后，在思想意识上，也与工农群众越离越远。

很明显，青年教师何继善想让实习的学生们，能在那个环境里有所触动。他也确实发现，当学生们看到这个不可想象的贫穷山村时，一个个都沉默了。

正在这时，学校一纸通知发来，学生们被紧急召回。

何继善带着学生们回到学校后，“文革”的浪潮正一浪高过一浪。不知怎么，何继善马上就想到了恩师吴树基。

何继善最担心的事情终于发生了。

突然有一天，随着一声大吼，数学家兼地质学家吴树基被押到了台上。

吴树基被揪斗，缘于一次偶然的结交。

此前的某一年某一天，一位大领导视察了吴树基所在的学校，在与吴树基亲切握手之后，顺便问了一下吴树基有什么困难。

吴树基实话实说："别的还好，就是没钱买书。"

那位大领导想了想，点点头，像是认同吴树基反映的问题的确是个问题。

一个大学者怎么连买书的钱都没有呢？

于是，那位大领导马上特批了一笔钱，专门作为吴树基的购书款，存放在长沙市新华书店里。

从那以后，吴树基到书店买书就再也不叫买书，而叫取书。

那个故事因为不是悄悄发生的，所以知情者甚多，在当时曾被传为佳话。在传播中，被不同的人传成不同的版本，进而引发出不同人的不同心态。

"文革"一来，那位大领导很快被当成了走资本主义道路的当权派，而被迅速打倒。

大领导一被打倒，吴树基所在学校中的某些人，突然想起了这个与之相关的小故事，并提出了一个个大问号：

全国的教授那么多，怎么那个"大走资派"不给别人批钱，单单给吴树基批钱买书呢？

……

当一串串问号像铁钩子一样摆在吴树基面前时，他就那么被钩上去了。

批斗会上，吴树基几乎对所有的罪名都不加否定。

只有当批斗者指责他是一个不学无术的假学者时，这位数学家兼地质学家激动地大叫：“我是做学问的！我就是一个做学问的！”

吴树基的激动申辩，很快被更高的声浪所淹没。

在吴树基被关进牛棚以后，何继善多次去看过心里放心不下的恩师。说是去看恩师，其实是蹲在外面，等着恩师可能出现的身影。因为何继善是没有资格也没有权利进到里面去探望的，好在那个临时改建的牛棚在学校图书馆五楼，并非如牢房一样森严。

牛棚的围栏，只是很写意地把牛棚内外隔成了两个世界。对于里面的人们而言，精神的围栏远比现实的围栏更强大。

没有人担心牛棚里的人会逃走。

因为无论他们逃到哪里，都逃不出精神的围栏。

正是牛棚的这种格局，让何继善终于在门外等到恩师的出现。

望见恩师的一刹那，何继善的鼻子忍不住一酸。

吴先生抬头看到了，但不说话，只是心领神会。

有一次，恩师隔着围栏丢过来的一番话，很快把何继善从酸楚中拉了回来。

恩师大声问何继善："实验室的设备还在吗？"

何继善万万没有想到，恩师见到他的第一句话，问的竟然是实验室的设备。确实在当时，他被任命为实验室主任。

于是，何继善告诉恩师："实验室的设备还好，没被破坏。"

吴树基点点头："你要保护好设备，以后还要用的！"

吴树基说完，就走开了。

望着恩师的背影，何继善突然感到自己很可耻。

在他还为个人交情而伤怀的时候，他敬爱的恩师却仍在牵挂着学校的实验设备。在这位看似如孩童般纯真的老人身上，有着多么高远宽广的境界啊！

望着恩师渐行渐远的背影，何继善突然明白：恩师从前对自己所有的关注与厚爱，绝非只缘于相知相重，恩师关切的还有民族的文化传承与知识传承！

那是何继善最后一次看见恩师吴树基。

那个看起来明显衰老的背影，永远定格在了那个下午。

得到恩师的死讯时，何继善发现，恩师早已被相关人员放到了该放的地方。恩师死时的情形，被交代得过于简单。据说，是在打饭的时候，他突然就慢慢倒下去了。旁边同样为“牛鬼蛇神”的陈炜医生马上去看时，吴树基已经不行了，死亡的直接原因是心脏病。

“文革”结束不久，吴树基被平反了，由湖南省政协主持，为他补开了一个追悼会。

在大会上，何继善面对全体师生员工，以极其庄重的语气宣读了埋藏在他心中的话语，以此表达对恩师的怀念。

吴树基这位学贯中西的大学者，最是深深地影响了何继善的一生。恩师给他的，是整个人生定位以及人生方向的影响，让他的理想升华，在以后的科学道路上更务实，更具有奉献精神。

人生涅槃

吴树基教授走后，素来沉默的何继善变得更沉默了，没有人知道他在想什么。

其实，那段时间也是何继善生命中的一次涅槃。

恩师吴树基在牛棚里问及实验室仪器设备的那番话，老在他的耳边回响。在恩师身上，何继善看见了我们这个民族中不会消亡的某种力量。只要这种力量还在，国家和民族就有希望。某些时候，何继善甚至感觉，恩师的灵魂已经注入了他的灵魂。

何继善开始了他后来说的“迂回战术”。

比如，他开始学画领袖像。一旦开会，他以画领袖像为由躲过了。

画来画去，何继善画领袖像的水平，在不知不觉中得以精进，到后来，他画的领袖像竟然在熟人中很有些名气。他还以自己跟矿石打交道多的便利，用五彩的矿石贴出一幅毛主席像。那幅像的独特与精美，在当时铺天盖地的各种领袖像中突显了出来，给何继善不参加会议增加了理由。

又比如，何继善下乡搞“四清”时，就向有关领导申请，派他去写标语。

他就是这样，少说话、勤干活地蹚过那段岁月。

1967年10月14日，中国的大、中、小学开始了正常的教育教学秩序。何继善所在的大学自然也不例外。

复课的呼声，首先在学生中一浪高过一浪。

但是，面对学生们的呼声，老师们的反应却显得过于冷静，竟然没有多少人愿意上课。

而此时此刻的何继善，却把这次复课当成了一次难得的治学机会。这意味着，他不仅能避开没完没了的开会学习，更重要的是，可以名正言顺地在教中学、学中教，潜心于学问，既提高了学生，也提高了自己。

因为没人愿意上课，何继善就一个人把全班所有的课，全都包揽在自己身上，常常是从上午讲到下午，从第一节讲到第八节。有时讲得实在累了，他就穿插自习自学课，但他辅导的身影依然没离去；有时又怕讲现成的，就插播实验课程。

年轻老师和学生们活力四射地在同一个频率上的那种鲜活，真好！在那段时间，何继善就像打了鸡血似的不知疲倦。由于一些课程并不是他的强项，有些课程在此之前接触得少，何继善只好利用空闲时间，对他所承担的课程进行恶补。

偏偏，学校没有统一规范的教材，何继善就自己刻钢板，油印教材。何老师执着的良苦用心，学生们都看在了眼里。也许，正因为这样，那一届的学生与他们的何老师关系处得特别好。多年之后，这个班的学生，有不少成为学科带头人。

一些学生回忆起那段时间，总是感慨万千。

多年之后，学生们坚决要求要给他们敬爱的何老师搞一次隆重的生日庆典，而何继善只同意搞一个“何继善从教六十年”的纪念活动。庆典活动上，很多学生想起当年的一切，几乎不能自持。

其实，在那段勉为其难的任课阶段，何继善自己也受益匪浅。在对很多课程的恶补过程中，他不但夯实了学术根基，也使他在以后的科研过程中常常能够触类旁通。

第四章 天地之间一股气

何继善的创新与发明，总是紧紧贴着现实的需要。不管是不是他的专业，只要让他碰见了需要解决的问题，他就会心痒痒，继而手痒痒。

对此，我多少次在心里冒出一个天真而幼稚的想法：这样的人多了，我们的社会将会是个什么样子？

那天，何老巧妙地回答了我这个问题：“自强报国不是空口喊，而是从灾难中走过来的一种本能。小时候，我们渺小，别人强大；祖国羸弱，受外国欺负。那时候，我们国家没有地位，更没有人民的价值，谈什么奉献，哪有机会出成果。”

他与不说话的土地互动了

何继善的机会终于来了。那一年是1968年。

在给学生们上了一个学期课后，恰好有人提出，原来的教材是“封资修”的，需要改写。这给了何继善极好的机会，他顺势提出，要到生产现场和相关单位收集资料，居然被批准了。

于是，他和另一位较年轻的老师张宗苓一起，背起背包，出发！打背包，是何继善在躲空袭的时候学会的。那个时候，在逃难的路上，每天早上都要打背包。他们俩从长沙出发，到广西、贵州、云南、四川和陕西，进行了四个多月的调研，任务就是一边“接受工农再教育”，一边收集资料。

1968年，“文革”不过只进行了两年，当大多数人都在轰轰烈烈地“闹革命”时，何继善却“自由”地走出去了，而且实际收获很大。他的科学研究，比别人早开始了八年。

桑郎在贵州南部的深山里。在那里，何继善遇到了以前教过的几个学生，他们在物探队工作。学生们的遭遇并不比他们的何老师好到哪里去。跟老师一样，他们也在野外接受改造。

在物探队里，技术人员被当成工人用，工人又被当成技术人员用。这种工作上的错位安排，免不了碰出一些黑色幽默。

比如，工人在操作仪器时，常常会遇到解决不了的问题。这时，正在干体力活的技术人员就会被工人叫去，然后在工人的监督下，指导他们怎样消除故障。

一天，物探队的仪器坏了。不管众人怎么捣鼓，设备就是不听使唤。物探队只好停工，大家都进行政治学习。三天过去了，看得出来，工宣队队长有些着急，因为他要完成“抓革命，促生产”的任务。

何继善知道自己能修，但是不敢说。

实在忍不住了，他鼓起勇气问：“可不可以让我试一试呀？”

队长很认真地思考了一会儿，一时不敢答应。这么重要的仪器设备，应不应该让一个被改造的人来修理？同时，队长也明白，这些不听使唤的设备，要是老也不听使唤，恐怕更不好交代。思虑再三，队长同意让何继善试试。

其实，要说当时的何继善没有顾虑，那是假的。因为万一他修不好，就会被扣上“破坏‘抓革命，促生产’”的帽子。这对于一个正在接受改造教育的人来说，其后果无异于雪上加霜。

采访中，我问何继善：“明知道有后果，您为什么还要去冒险？”

何继善笑笑说：“以我当时的身份，是没有资格冒险的。我是有绝对的把握，先看出了门道，然后才请战的。”

“就这么简单？”

何继善两手一摊，说：“就这么简单。”

“是不是责任感的驱使？”

何继善回答：“那肯定是有的。我是国家培养起来的知识分子，在国家需要我出力的时候，我不能只想着自己的所谓‘风险’，而对国家的机器故障视而不见，我做不到！”

就这样，何继善在众目睽睽之下，凭着手上的一个万用表、一把螺丝刀，玩魔术般把仪器给修好了。

工人毕竟是质朴而实在的。眼前这位戴着眼镜的青年知识分子，让他们相信了知识分子不但是可以改造好的，而且改造好了以后，对国家也是很有用的。从那以后，何继善的个人境遇有了明显的改变。

工宣队的人也开始把仪器交给他使用。何继善用武之地拓宽了，拓广了。这个机会，对何继善而言，绝不仅仅是从此可以逃脱繁重的体力劳动。利用这个机会，他开始了早就酝酿在心的“双频激电法”的探索研究。

何继善当化验员爬到矿道里采集样本时，曾有个想法——不用下矿井，就能知道地底下有矿藏。正是这次不可多得的机会，为他的研究开通了一条暗道。在后来漫长的探矿生涯中，何继善为国家探出价值千亿元矿藏的这种探矿方法，就是“双频激电法”。谁会想得到呢？在世界地球物理学界引起重大关注的“双频激电法”，不是在高端的实验室里而是在大山的深处，一点点逐渐成形的。

之后，何继善又去了云南个旧。个旧是世界著名的锡矿，当时的云南冶金局正在此地探矿。何继善到来的时候，云南冶金局正苦于无法解决地形因素对地电场分布的影响，而这正是何继善潜心研究的方向。经过夜以继日的反复计算、实验、论证，何继善向当地的领导和专家们提出了“点源场电阻率法地形改正”。早已无计可施的云南冶金局抱着试一试的态度，采用了何继善的方法。结果，苦苦寻觅的大锡矿终于被找到了。

1978年，何继善的“电阻率法消除异常干扰研究”，获得全国科学大会奖。而这个大奖，是由云南方面上报的，何继善本人根本不知情。直到湖南省召开科学大会，何继善领到奖状时方才知晓。

在回忆那段时光时，何继善的语气里，没有半点抱怨。恰恰相反，在他慢条斯理的讲述中，艰苦的劳动锻炼被他看成颇有诗意的浪漫生活。比如，他与同伴张宗苓在帐篷里把山里的特产铺满一地，以水当酒，遥祝远方的亲人生日快乐。当然，那段极其艰苦的生活也在他身上留下了永久的纪念，他得了很严重的胃病。

何继善说："那个时候，真正让我感到快乐的事，是自己的双脚越走越硬，还与山川大地有了一种难以言状的交流，产生妙不可言的默契。那是我与一寸寸藏有丰富宝藏的土地最亲密的私语。地球的奥秘藏在地下，但地球的表情却明明白白写在上面，写在我们面前。地球上的万事万物都是有语言的。每一寸土、每一块石、每一棵树、每一棵草，都在用它们独有的语言——或有声或无声——与我交流。"

他一直想通过对一花一草、一石一树的热爱，去读懂地下的宝藏。因为它们都有特别的灵性，也有特别的语言。但很长时间，他读不懂，自然就找不到藏宝的门。可这段时间不一样，儿时的片段老浮现在眼前，那片翠绿竹林、丢失的老黄狗和树杈上挂着的小黑板，仿佛都给了他灵感，给了他悟性。

他说，他要感谢那段时光，让他如此长时间地贴近土地，贴近深藏富矿闪闪发光的地方。他的一双大脚走过了多多少少的山川大地。他感觉，他在慢慢读懂它们，并能与它们进行细致、倾心的交流。手中的测电仪灵敏了，那是来自地心宝藏的感应；心里模糊的概念明晰了，那是他跟不说话的土地互动了。

就这样，何继善那些貌似辛劳乏味的探测之路，成了他治学道路上开满鲜花的幸运之旅。

科学春天里的『自虐狂』

1978年以后，中国社会渐渐迎来方方面面的春天，尤其是科学的春天。而熟悉何继善的人都知道，在这个科学的春天还没有来临之前，他已经在科学的寒冬里做足了准备。

在此以前，他的一些研究发明已经被国家相关部门所采用，并在使用中大收其益。比如，他的“双频激电法”，已经被越来越广泛地用于地矿勘探。

在那个科学的长冬里，何继善曾非常不合时宜地挑战过世界地球物理学界的权威。1975年，他对苏联权威专家进行了学术质疑。在挑战权威的背后，需要的可绝不仅仅是勇气。

这里有个“用大张纸写公式、手摇计算机计算”的故事。

“根据苏联专家用保角变换的理论和方法，当时有人提出了坐标网转换法的电阻率地形改正方法，而且是作为‘文革’的成果向国内和国外推广……对这个方法我开始也是非常好奇，可在学习和使用中，我发现它存在很严重的问题。保角变换是个二维的数学方法，不仅地质体是二维的，而且场源也是二维的。提出坐标网转换法的人，只注意到地质体是二维的，而忽视了场源也是二维的问题。为了证明我的想法，需要进行理论计算。而点源场的计算是非常复杂的，一个公式要写很长很长，我是用大张大张的纸来写公式，用手摇计算机来计算的。计算的结果说明，用坐标网转换法来进行电阻率法的地形改正，不但没有好的效果，而且比不改更糟糕了。

“为了进一步证实，我决定用物理模拟实验，为此特地修建了一个大型水槽。从取得的实测数据来看，与我用手摇计算机算的理论结果是一致的。也就是说，用坐标网转换法来做电阻率法地形改正是错误的，而当时它是作为‘文革’的一个成果来推广的。我写成了文章，犹豫了好多次，不敢寄出去。后来，终于寄到北京，但它又很快被退了回来，理由就是我否定了‘文革’的成果，可能审查的人看都没看我写的内容。当时很多科技期刊都停刊了，又过了一段时间，我麻着胆子寄到《地质与勘探》，主编贺永康老先生把它发表了，题目是‘电阻率法地形改正的点源场和线源场问题’。”

也许，在那个漫长的科学寒冬里寂寞得太久，当姗姗来迟的春天一旦来临，何继善竟然表现出某种难以言状的淡然与平静。

细心的学生们可能注意到，当别的老师对他们大谈科学对社会文明发展的重大推力时，何继善却在对学生们大谈科学的寂寞，并毫不客气地针砭当前学术的浮躁与急功近利。

也在那一年，全国高校开始恢复教师职称制度。做了

18年助教的何继善，按部就班地被评上了讲师。看过他的申报资料的人，惊奇地说："你的成果资料比教授的还多！"是的，何继善当年从助教评为讲师时，科技成果包括全国科学大会奖一项，冶金部科技奖两项，公开发表论文多篇。

有人说："如果把你的成果分给别人，可以破格提三个教授。"那时，"文革"刚刚结束，学校老师刚刚回到教学岗位和研究岗位，不可能有这么多的成果。

当时的何继善，只是淡淡地苦笑了一声。他明白，这次迟来的讲师职称，并非是某个人的尴尬与失落。而且，那些被提为教授的，都是有十多年的副教授职称的老教师，他们也都早就该提了。

何继善并不急于把他的那些发现快速成书，还有一个重要的原因，他是应用地球物理学家。技术从来都是被理论所支撑、所引导的。正因为如此，他花在理论研究上的时间，并不少于他发明和研制诸多探测仪器所用的时间。

随着人类文明的迅速发展，地下资源的消耗和需求与日俱增。人类面临着一个严峻的现实：我们社会物质文明的建设与发展，其所需的后备资源严重不足，地表浅层易找的矿体越来越少，地下资源的勘探难度也越来越大。地球向索取者提出挑战：找矿需要新理论、新技术、新仪器。把研究成果应用于生产实际，为国家探寻地下资源尽责尽力，这是他作为一个应用地球物理学家分内的事情。

1978年后不久，何继善研制的“双频激电仪”，悄然被国家批准投产。该产品投入使用后，一时好评如潮。这时的何继善，又犯了何继善式的毛病，他开始审视他的“双频激电仪”在实际应用中可能出现的缺陷。果然，随着使用情况的不断复杂化，“双频激电仪”的缺陷也日渐明显。情况反映到何继善这里，他想都没想便立刻表示：“马上中止生产，待改进后再说。”

说到此处，何继善特别说明，他研制出来的一些仪器设备也是走过弯路的；他的一些仪器设备也是在弯路上逐渐成熟完善的。这么个严肃惯了的科学家，对自己发明和研制的仪器设备总有一种挥之不去的挑剔心理。当好评如潮时，他反而不安了。

这又是何继善习惯的完美主义，而真正的完美主义者就是个“自虐狂”。但是，完美主义者的人生态度是没有人忍心嘲弄的，而是充满了敬意。他对产品的挑剔态度，就打动过当事者，甚至深深地影响了身边的人，比如他的学生们。何继善对他的学生非常亲和，不显亲和的时候只有一种：当学生治学不严谨的时候。那个时候的何继善，学生是不敢多看一眼的。

何继善很快对“双频激电仪”做了改善。重新改进后的仪器，投产后在全国更广泛的区域内投入使用。随后又是好评，随后又是被何继善挑出不足，随后又继续改进……在不停地改进中，反馈回来的信息是：在甘肃找到了金矿，在河北找到了银矿，在新疆发现了铅锌矿……全国29个省、市、自治区找到的金属矿，经济价值达150多亿元，已创经济效益近两个亿。运用“双频激电仪”，寻找地下水源的成功率在百分之九十五以上……

科学家不拿枪也要保护人民

1998年，何继善在巴西进行学术访问时，在电视上看到了国内洪水肆虐的灾情报道。那场被称为百年不遇的大洪灾，紧紧揪住了何继善的心。

何继善注意到，在那场洪灾中，溃堤是汛期的最大灾害，而管涌是导致溃堤的“第一杀手”。当时在国内，管涌探测几乎全靠人工拉网式沿堤巡查或派潜水员水下摸探，效率低，危险性大，结果也不精确。

身在异国的何继善像是自言自语，又像是对同行者说：“回去以后，我要解决这个问题。”

果然，何继善一回国，就马上投入到对管涌探测的研究之中。

他以前研究的专业方向，是对地下矿物的探测。对堤坝下那些空空洞洞形似无物的莫名之洞，何继善对它们诡异的存在，也确实知之甚少。无论从专业角度来看还是从工作职责来看，这都不是他的分内工作。但是，何继善却义无反顾地开始了管涌探测的研究，因为他知道，老百姓需要。

经过夜以继日的研究和探索，何继善创立了一套探测堤坝管涌渗漏隐患的全新理论——“拟流场法”，并由此研制出世界上第一台能在汛期恶劣环境下快速准确测定管涌入口的“堤坝管涌渗漏探测仪”。

“堤坝管涌渗漏探测仪”刚一问世，人称“长沙头上一盆水”的株树桥水库，就用上了。本来，有好几个地方可以去试用，但何继善偏偏就选择了这个漏水严重、危险性最大的地方。

1998年底，何继善来到株树桥水库。它是面板堆石坝水库，总容量2.7亿立方米，到何继善他们接手，水库已是名副其实的险情水库，其漏水严重程度，在同类水库中排世界第二，严重的管涌渗漏让人整天提心吊胆。水库比长沙城水位高出120多米，每秒渗漏量1.6立方米， 一旦溃坝，后果不堪设想。数年来，每当汛期来临，堤坝外面就会出现多处漏点。

据何继善的学生、中南大学教授朱自强介绍：“这水库，水深50多米，严重漏水时上面覆盖了六七米厚的石渣，准确渗漏点却几年都没有找到。可小漏成大漏，那就是溃堤，那就会塌了天，水库下多少百姓、多少良田会毁灭性地遭殃。偏偏，我们用上何老师的‘管涌渗漏探测仪’，最终渗漏点给找到了。”

何继善并不满足于在株树桥水库已经取得的成功，而是在这个基础上，利用株树桥水库蓄水深度大、水面宽等条件，继续对“拟流场法”进行了全面系统的实验研究，总结出一整套的方法技术。

为了解决这一水库的管涌渗漏探测难题，何继善在这里一蹲就是数月。第二年春节，他基本没回家。

那是1999年元旦，大雪飘飞，何继善带领他的团队仍在水库的船上探测。“堤坝管涌渗漏探测仪”的首秀取得成功，很快找到渗漏点。

那天，“堤坝管涌渗漏探测仪”往大坝上一放，仿佛就是一面照妖镜，没过多久，堤坝下那些诡异的漏洞便一个个“现出原形”，大家非常准确地确定了渗漏点。

经水下电视录像和工程实践证实，“堤坝管涌渗漏探测仪”对漏洞的探测，其准确率达百分之百。再经工程堵漏，十几年了，株树桥水库再也没漏过。

从此以后，这套仪器在全国准确测定了110多处江堤管涌和20多个水库大坝渗漏点。

2008年“汶川地震”之后，正是利用这种仪器，成功探测了德阳市的继光水库等3座高危险情水库的9个渗漏进水口，为大坝除险发挥了重要作用。

然而，这套没有失败过一次的仪器，并非立项项目，全部研究经费都是自筹的。何继善深知，等申请项目、层层审批、获得批准，只怕险情早已爆发成灾难，人民生命财产也受到了威胁。那是他最不愿看到的。

对此，许多人可能要问为什么。

何继善的回答是："有些研究发明是因为来不及先立项后研究，比如防治管涌的'拟流场法'防治办法就来不及立项，只想快点把它搞出来。有的是花不了多少钱，也不知道能不能搞出来，也就不想立项要什么经费了。那太麻烦！"

这的确也算是一种解释，但这只能算是何继善式的解释。不过，他那些轻描淡写的解释，已经足够让当今的一些人感慨万千。

现在，何继善的发明仍然不断。无人直升机上的"抗干扰磁力仪"，克服了地球电磁感应的"大深度激电仪"，都是他想到了就要去做出来的新发明，也都是没有事先向国家伸手要经费的项目。

被人戏称的何式风格，简单说就是，"想好了就去做"。这看起来人人都能做到，却是人人都不易做到的。

何继善之所以能成为今天的何继善，就是把别人想做而没做到的事做了！

像他自己所说："没有人要我们做，但我们有责任，科学家有义务为人民排忧解难，人民科学家不拿枪也要保护人民。"

终于知道，自强报国是何继善永远的动力，也是生命永远的活力，更是这位八十多岁的老者永葆青春活力的秘诀所在。

直到现在，老院士仍然身体力行，坚持行走在高山峡谷、荒漠戈壁或是盐碱险滩，亲自指导勘探。近三年，他又将"广域电磁法""伪随机信号电法"等大深度电法勘探用于页岩气，其探测深度可达地下五公里……

第五章
科学家人物素描

如果摆在你面前的是一幅人物肖像画，你会看到什么？头、肩、大手和长腿，还是首先看到挺直的脊梁，又或嗅到无形的气息？

人的全部风姿，浓缩下来就是一股气。

大气的男人，底气足，勇气嘉，志气高，气势大！

何继善心底的那股气憋了几十年，待到释放的那天，我们看到的却是他的气定神闲——曾经沧海的宽容，返璞归真的真诚，不畏艰险的厚重，那是他独特的个人魅力。

儿时受凌辱，他用一辈子抗争，带着坚硬的骨气，他有不可侵犯的霸气。常泄气的人走不到成功，鼓足勇气拼才能铸出强者的大气，他也有坚韧的一面。

“人拼一辈子，真为名、为利呀？No，最初是为自己争一口气，慢慢到为民族出一份力，再到后来走向国际舞台，就要为祖国争一份耀眼的荣光——这才叫争气！”

脊梁——挺直站成擎天柱

何继善身高一米七八，就是进入“八〇”后，他也腰不弯，背不弓，什么时候都是脊背挺直，骨子里就是个顶天立地的汉子。

他朴实无华，默默付出，埋头苦干，忘我牺牲。

这天，何继善在中南大学一棵高大笔直的大树前，站住了。

他抬头望着直插云霄的树尖，说：“这树不屈不弯，是作上梁的好料。人和树一样啊！”他说到，眼下许多人总认为西方的月亮比我们中国的圆，有些人甘于充当西方利益的“代言人”，甚至希望“全盘西化”，在科研领域也有不少人全盘照抄、照搬、照套西方的那一套。

“这种人，我看不起他们！在关乎国家和民族的大利大义问题上，一味崇洋媚外，哪儿还有国家和民族的尊严？做人应该有脊梁，要光明磊落，要堂堂正正。”

1998年底，何继善和他的助手们，携带自己设计的被称为地质“CT”的“双频激电仪”，远赴阿拉伯联合酋长国（下文简称阿联酋）寻找生命之源。该国把指定的实验地点，分别定在总统、总理和爱茵市市长的农庄。在短短的20多天里，何继善的地质“CT”显示出神奇的威力。

那天，何继善的仪器在这几个地方很快确定了位置，并打出了4口涌出清泉的上好水井，每口井昼夜出水量达20万吨以上。

耳闻目睹这一切的阿联酋的官员们激动地表示，一定要把何继善的名字刻在阿联酋的土地上。

中国科学家的成功演示，在阿联酋引起了轰动。

可以想象，在这个水源极度稀缺的国家，一件能准确找到水源的神器，对这个国家意味着什么。从某种意义上说，阿联酋的水比油贵，因为该国水少，而地下油多。为此，阿联酋的老百姓把中国的科学家当成了带来福音的使者。

总统十分重视，并急切想要了解找水的详细经过。1999年3月，何继善将这次找水的情况，向阿联酋政府作了书面报告。

这中间还发生了一个小插曲。

该国官员曾经委婉地暗示何继善，如果他愿意到他们的国家来工作，何继善将成为这个国家最受欢迎的贵宾。毫无疑问，他们想用高物质回报将这位难得的科学家挖过去。

当时，何继善已任湖南省科协主席。

望着那高耸入云的摩天大楼，漫步在灯红酒绿的街头，面对主人的盛情挽留，何继善一连问了自己好几个问题：

你的荣华富贵重要，还是国家和人民重要？

你曾经是为国家培养人才的大学校长，你的离开为莘莘学子做出什么“榜样”？

祖国亟待用你的学术成果勘探宝藏，你却想为别国开发财富吗?

从小在铁蹄下遭受凌辱、在炮火中生还的苦难经历至今还铭刻于心，可你那时立下的强国志向呢?

……

一连串的反问过后，何继善做出了选择。

当对方问及他为什么不愿留下时，何继善伸了伸腰，把背挺得老直，说了句很柔软却让对方大感意外的话：“因为这个地方，听不到外婆的童谣。”

那位官员听得云里雾里。

他没有料到何继善拒绝他的理由，竟然是外婆的童谣。

外婆的童谣，真有那么大的魔力吗?

何继善知道，他是永远不会离开生他养他的这块土地的。

知道这个小插曲的人，不单为何继善感到惋惜，也有些不解。

可以想象，在那么一个水源稀缺的国度，一个善于找水的神人带着他的找水神器，他在那个国家里将会获得什么样的特殊待遇。

何继善却说："巴士德有句名言：'科学虽然没有祖国，但科学家应该把所有的力量献给祖国。'儿时我就盼望着祖国强大，也立志要为自己的民族争口气：学好本领，奋力自强，哪怕不拿枪也要用真功夫、硬本事打败对手。好不容易到了有能力报效祖国时，我当然只能做一个动作，那就是——紧握手中的'枪'，把几十年沉淀的科研成果当子弹，上膛，冲锋！"

他一口回绝国外同行的挽留，毅然回到了他熟悉而热恋的故土。

头脑——天生爱发明

头脑是用来想象的。

科学家的想象就是发明，这发明，在何继善眼里，比生命还重要。

从“心忧天下，敢为人先”这幅何继善的书法习作上，我们能感知，这不仅是最能体现湖南人精神的名句，更是深含他倡导的创新意识。

那天，何老跟我们讲起发明，滔滔不绝。

在第一次工业革命的标志——瓦特式蒸汽机发明之前，英国政府就十分鼓励创新，甚至将提倡发明的告示贴到了监狱里。瓦特式蒸汽机的出现，正是得益于这样一种全民创新的社会氛围。

“我们也需要这样的氛围，这样才能把创新型湖南建设好，创新应该深入社会的骨髓。”

“比如盖一栋楼，不仅总工程师、设计师需要创新，就连现场施工员如何缩短工期又能提高质量，这也需要创新。”

对这些，何继善的学生、博士生导师、中南大学地球科学与物理信息学院副院长柳建新感慨地说：“何老师这个人，创新已经深入到他骨髓里去了，想到什么就一定要去做。”

小到用蜂蜜治病，大到勘探地球深处，一辈子，何继善的发明不断。无人直升机上的“抗干扰磁力仪”，压制了电磁感应耦合效应的“大深度激电仪”，都是何继善想到了就要去做出来的新发明。

创新和发明，成了何继善的一种习惯，不仅体现在他事事都创新上，还体现在不畏艰难、敢于挑战上。

1975年，结束一次四个多月的野外勘探的辛苦之旅后，何继善在整理笔记的过程中，骇然发现，世界地球物理学界权威的某些科学定论，也有明显的漏洞。

何继善把这一理论整理成文后，投给了一家权威学术杂志，那家杂志却把论文压下了。多年之后，那篇曾经被压下来的论文观点终于被地球物理学界所认同。

当然，何继善这篇论文立住的同时，对权威专家的质疑也站住了脚。后来，这个故事广为流传，在地球物理学术界传为佳话。

对自己的团队，何继善总是鼓励他们去研究新的东西。很长一段时间，他与他的团队进行野外探测时，是用光纤连接来保证几十台上百台仪器的数据传输，相当麻烦。何继善就要求他的实验室作改进，从第一代的光纤传输，改进到无线传输，再到最新一代的智能化自动记录。而这样的不断改进，做仪器的公司是想不到的。

其实，以何老现在的身份，完全已经没有必要那么辛苦，事事都要亲力亲为。这个灵魂无时无刻不在创新中舞蹈的科学家，不需要有形的舞台，他该有的是大至无形、大至无边的理念。

创新与发明成了何继善一辈子挥之不去的情结。为祖国、为社会、为人民，几十年，何院士始终不渝，艰苦探索，勇于实践，不断创新，研制、开发出一系列独具特色的地球物理勘探仪器设备，广泛应用于生产，获得了巨大成功。

“DDC-3晶体管自动补偿仪”的性能国内领先。

“数字式双频道幅频仪”获省部级重大科研成果奖，后荣获“国家发明奖”。

运用“双频激电法”研制的“双频激电仪”，寻找地下水源的成功率在百分之九十五以上。

“广域电磁法”和“伪随机信号电法”能用于探测分布于地下五公里以下的火山岩油藏等特殊岩性油藏，克服了一般可控源电磁法的局限，用以探测煤矿的地下水及采空区的分布，提前加以工程治理，有效避免透水等事故的发生。

……

人脑是一个超出所有器官之上的人体核心，正是大脑让人成为万物之灵。“他呀，天生长了个发明家的脑袋。”熟悉他的人都这么说。的确，何继善在科研上的设想全靠自主研发，他的成果强调的都是创新发明。

像他自己说的，几十年来，他就像一个贪玩的孩子，走入科学的大观园里，真是目不暇接、心驰神往。

“直到现在，想要研究的东西还有很多很多。对科学，还有许多想象。”

是啊，想象真好！

“异想天开，哪怕带野心的想象，也比大脑停顿要好。又像孩子们说的，对着流星许下的愿望总能实现。张开心灵的翅膀，孩子们就真会去天空中寻找那颗流星了……”

是啊，想象真好！

“有想象，我们才快乐；有想象，我们才进步；有想象，社会才发展；有想象，人类才繁荣。”

何继善发明家的大脑，这时又兼做文学家想象的脑袋。

肩膀——担风雨更扛民意

生活中，找一个人好找，找一副能担挑子的肩，太难。一个人，真正能承载生命之重的，也许只有自己的肩。

何继善是什么时候让理想在肩上筑巢的，前面已说。像他自己所说："一个对社会、对亲人都不承担责任的男人，是不配有一副肩膀的。"

儒雅的何继善，骨子里充满了"铁肩担道义"的豪气。这时你再看，何继善有一副很宽、很厚实的肩。后来，从他身上，我们看到了什么叫作扛事，什么叫作扛民意。

"只有把人民放在心中最高位置，把智慧的增长和本领的增强深深扎根于人民的创造性实践之中，坚持立身不忘做人之本、为政不移公仆之心、用权不谋一己之私，了解他们盼在何处、难在何处，了解他们的内心世界，同群众融在一起、打成一片，真正成为群众的贴心人。

“倡导什么、反映什么，都充分考虑广大群众的切身感受；发明什么、提供什么，都充分考虑群众的实际需要。群众期盼的、欢迎的，就全力以赴做好。”

在创新和转化生产力方面，何继善尤为注重。

将科研成果转化成人民所需的、能实用的生产力，是他的不懈追求。1995年至1997年，由何继善指导的科研组和湘西金矿合作，开展了“湘西金矿深边部地质地球物理探矿研究”，采用CSAMT法和近矿激电法，成功地圈定了湘西金矿沃溪矿区深部矿脉向北东的延伸形态及深部赋存状态，并评价了矿区西部及外围的成矿前景。这项成果意味着湘西这座已有百余年开采历史的大型矿山，深部资源仍很丰富，极大地缓解了该矿山的资源危机。

——注重理论的深入发展和技术方法的创新，是他的最大特点。为治洪水溃堤研制“堤坝管涌渗漏探测仪”，何继善完成了“流场法探测堤坝渗漏及汛期管涌研究”科研项目。正是带着“堤坝管涌渗漏探测仪”，几年来，何继善和他的科技小组，先后到湖南、湖北、江西、广东、海南、江苏、福建、四川、山东等10多个省份，为当地堤坝探测管涌。他们探测发现110多处堤防险情和20多处水库大坝渗漏点，准确率达到了百分之百。这项成果被教育部科学技术委员会评为“1999年全国高校十大科技进步奖”。

而另一方面，何继善带领中南工业大学地球物理勘查新技术研究所和地质勘查研究所15位专家、教授，历经10年完成的一个大课题就是“生产矿山地质地球物理研究”。他们先后深入云、湘、新、皖、鲁等地的10多座矿山，在找矿或查明地质构造、查找涌水通道等方面，取得了可观的经济效益。与此同时，他提出的“伪随机三频电法”“大深度激电法”“交流电阻率法”等一系列新方法、新技术，以及研制的相应观测仪器，都是针对中国矿山的地质、地球物理和地貌特点而推出的。

1997年1月，原中国有色金属工业总公司对这项科研成果组织了专家鉴定，专家们对这项高难度的大型研究课题给予了高度评价："其研究成果不但具有很高的学术水平和重要的理论意义，而且取得了显著找矿效果，有明显的经济效益，并提出了一套完整的新地球物理方法，存在巨大的潜在的经济效益和社会效益，是一项具有首创性的重要研究成果，达到国内先进水平。"

何继善是全国唯一的连续三届当选省科协主席的人。担任省科协主席15年间，他一直倡导科技创新，尤其注重科技为各方百姓排忧解难。为了给这些地方及时准确地排除重大险情提供重要依据，他们每年在野外的时间都超过了三分之二；为了让这些科研成果转化成产品，为国内甚至国外防汛救灾提供利器，他和他的团队再把剩下三分之一的时间全部搭上。为此，科技部、水利部在长沙召开堤坝隐患探测技术交流大会，重点向全国洪涝灾害地区推广何院士研制的"堤坝管涌渗漏探测仪"。

就在那段洪灾刚过不久，有一位记者感慨地为何继善写了一段话：

“灾难更显大爱，天灾犹见真情。有科学家心系苍生的大爱、坦然赴死的大勇，共和国安心，人民放心！”

当我问及何老对这段话的感想时，他轻声说：“大爱才有大勇。只要有爱，我们的心不再孤单；只要有爱，我们的梦不再遥远；只要有爱，艰难也能化成神奇；只要有爱，有谁能与我们匹敌？”

那天，何老提前走了，他的团队临时给他电话，一个难题有待他去实验室指导解决。望着他远去的背影，我突然觉得，那宽宽的肩让他的整个身体特别有型。我知道，正因为肩上扛着忠诚与责任，在困难面前，他是推不倒的城墙；在荣誉面前，他有压不垮的脊梁。奉献兑现承诺，责任考验忠诚。他用一个科学家的忠诚，用他最具生命色彩的人性之光，诠释了科学家“听党指挥、服务百姓、用科研成果向祖国报告”的真正内涵。

大手——专为做实验而生

手的神秘语言，比人体其他部分的信息都要丰富。

何继善天生一双大手，似乎专为实验而生。

是科学家就离不开实验，实验又离不开那些形形色色的工具。何继善有一双比任何工具都有灵性、带有思想、任劳任怨、永不“下岗”的手。但谁知道，是“好工具”成就了这位科学家，还是科学家勤做实验成就了一双巧手?

那天，走进何继善的实验室，看他专注娴熟地摆弄仪器，忽高忽低，左右开弓，那些电阻表、天平、平衡仪、水槽等在他手里和谐“共舞”，尽情“高歌”。看着看着，就像幕布拉开，那双大手仿佛成了舞台中央音乐指挥家的手，再看随后出来的一组组数据，那不就是指挥家手臂挥舞下的一场悦耳合奏嘛。

在何继善的家乡，有个习俗叫“抓周”。各家各户在孩子周岁时，摆上算盘、官帽、书笔之类，看孩子爬着抓哪个，从而猜测孩子长大后的时运遭际。何继善这双大手不抓钱，也没只抓书，更没抓官帽。这双大手后来用在了实验室，直到做出全世界都看好，为整个地球做贡献的精密仪器。

——这该是一双手最好的去处。

何继善的那双手带着他、指引着他，从学校的实验室走到大自然的实验室。让他声名显赫的“双频激电法”和“双频激电仪”这一国际上首创的先进科技成果，就是在学校实习的野外萌发并一点点成形的。

“谁都知道，做实验是科学家的第一生命。没有上好的做实验的能力，科学家的生命就荡然无存。”

何继善在矿山当化验员时就爱上了做实验。

在反复实验中，准确数据来了，科学依据来了，底气来了，成功也来了。

从去矿山、上大学到当老师，面对所有的科研项目，他都在勘探后向实验数据这第一手资料要成果。正因为有了最初的勤勉，夯实了他身为科学家的底气。不一样的结果，更体现在一篇篇论文接连发表：《双频激电法研究》《可控源音频大地电磁法》《频率域电法的新进展》……理论指导下的实验再结硕果，便是一台台被广泛应用的精密仪器的诞生："K-1抗耦电仪""C-1微测深仪""S-2双频道数字激电仪""F-1频域（谱）激电仪""C-2交流电阻率仪""高精度电提取仪"……这些技术含量高可广泛用于找矿及其他领域的先进仪器相继问世，并成批生产。

一双大手就这样画着一位科学家的人生，让他带着汗水、带着心血、带着理想、带着拼搏，从实验室，从广阔的野外，走到了行业领头人的前列，走向了国际舞台……

从领导岗位上退下来后的何继善，他的那双大手又在干什么？

告诉你，何继善热衷于科学事业，也热衷于科普讲座。

有人说，一个大院士把那么多宝贵时间给了小孩子，真是“大材小用”啊！

可谁能知道，他是把眼光投向了未来——

江山代有人才出，科学更需后来人。

“小孩子，他是一张白纸啊，如果我讲的东西，能在上面‘画’上根，将来能发芽、开花，那就是很了不起的事情！现在不是流行‘大手’牵‘小手’嘛。”

何继善至今记得，小时候听老师不经意间讲出的一句话，却影响了他的一生。现在，只要孩子们提出要求，自己又有时间，这样的科普讲座他觉得多多益善。

他的科普讲座，遍及大半个中国，甚至还走出了国门。无论在社区学校，还是在边远山区，何院士的科普讲座在许多青少年的心里，的确“画”下了科学的“根”。

“我们的手是用来干什么的？”

在“第二课堂”组织的长沙市各小学动手实践活动中，孩子们面对何爷爷的发问，纷纷说出手的作用：

“干活的”“学习的”……

何继善不慌不忙地说："你们说得都对。人类是靠手走到今天的，创造和使用工具让人区别于其他动物而成为聪明的人。每个人从有了生命那天开始，手就开始了选择，手就开始了游移，手就开始了实实在在地干。孩子们，实现理想，提升质量，还有各种小愿望、大目标的完成，是不是都要靠手呀？"

"是——"孩子们答道。

"但不同的手有着不同的作用。瓦特的手发明了蒸汽机，诺贝尔的手发明了炸药，爱迪生的手发明了电灯……我觉得，手的主要功能是拿取、拉动及推动。大科学家们是拿起东西就搞发明，做出东西就能拉动效率，出来的科研成果就能推动科技的发展和文明的进程，他们因此是伟大的……"

这何尝不就是何继善自己的真实写照？

来到实验室后，何继善手把手教孩子们做实验。整个过程，他总忘不了给孩子们讲得仔细一些，再仔细一些。

通过一场场“大手”拉“小手”的活动，我的面前，似乎也出现了这样的画面：

一双手，两双手，无数双手，那些手朝巨大的果实攀探而去。手在前行过程中，也触摸到荆棘，但手仍然向上！

看到了，前景和未来！

那里，是一堆鲜灵的果！

同时，手也触摸到了自然万物的不朽荣光和灿烂前景。

长腿——跑野外更接地气

踏实的何继善是用腿来丈量大好河山的，他也用腿走出了成功。

我常常想：高个儿的何院士，长长的双腿占了身体的一半，如果说女性的腿能淋漓尽致地展现美，那么他的腿就是力量与雄健的表达。

的确，充满阳刚之气、力量之美的双腿，早已撑起何继善精神与身体的整体美。那双腿一旦起步，脚下是青山绿水，就像一艘生命之舟，载着他驶向“鲜花盛开的村庄”。

“科学，离不开实验；科学家，不走进大自然的实验室，就会失去生命。”

这句话是何继善用脚走出来的真知灼见。

记得那是“文革”后期，何继善被“发配”到边远的村寨搞勘探。接到通知时，他没有感到太突然。就像他少年时代的失学一样，它只是他命运中挥之不去的插曲。虽然那时候应该是一位青年学者做学问的大好时光，但何继善有他的思维方式。事物都是辩证的，所谓“塞翁失马，焉知非福”。他非常明白，自己的专业不应该仅仅长在书本上，也应该长在大地上，长在崇山峻岭中，因为他研究的是地球物理学。

何继善去的地方是个少数民族地区。山下山上温差很大，山下穿背心，上了山就得穿毛衣。从山下爬到山上，要整整一天，而且不能住少数民族家里，怕引起民族误会，只能住帐篷。

一天的山路，就算身上没有什么行囊负担，走起来也够呛，何况还要背上很重的仪器设备。没过多久，他与同行的张宗苓就有点吃不消了。这时候，何继善竟然想出一个大胆的办法，把每天背着上山下山的仪器设备放在山洞里，这样自然就免去了每天重复的劳累。但是，张宗苓却有点不放心。因为，那些仪器设备一旦弄丢，等着他们的将是无法想象的严厉处分。

而何继善却显得很坦然，很放松。那时那地那些人中，那些设备对他们没有半点用处。更何况，那是个少有偷盗的年代，更是一个民风淳朴的地方。当地的老百姓一望而知，这是国家的东西。那个年代的人，对国家的东西是不会也不敢乱拿乱取的。

果然，那些被寄存在山洞里的仪器设备从来没有被人拿过动过。就这样，天天必不可少的重复劳累被何继善的大胆办法给化解了。

事后，何继善发现，这一趟来得太有必要了。他尝到了野外勘探的甜头，就是从这一次，他爱上了野外勘探。他知道，真正的科学要走近大自然。这祖国的山山水水、枝枝蔓蔓都带着灵气，大自然就是科学家的实验室。从此，何继善不用“发配”而是主动争取，一次次出发，一个月的，两个月的，最长一次半年才回家。

正是这种走近大自然、挚爱大自然，让何继善满满收获了。那次四个多月的贵州、宁夏之行，待回到学校，他带回的最重最大的行囊，是一大袋厚厚的地质考察笔记。连他的妻子都感觉到了那袋笔记的分量，但是妻子没有多问。她明白，丈夫看重的东西，就一定是重要并有价值的东西。

对那些笔记的整理是从容不迫的。何继善明白，那些笔记记录了很多的新想法、新发现，那些发现只需稍加整理就是一篇篇见解独到的论文。但是，何继善却没有急于把它们整理成文。就像一位出色的工艺美术家面对一块难得的璞玉，不到上佳境界，不到技艺娴熟，是不会轻易动那块宝贝的。

在从容不迫的整理中，何继善发现，散见于笔记中的那些新发现，竟然含着逻辑严谨的内在联系。当那些笔记终于被整理出来后，摆在何继善面前的，已不是互不相干的篇篇论文，那是更厚实的一个领域的学术。

也许，连何继善自己都没有意识到，他的学术研究已进入一个新的突破点。一次次出去，回来，再出去，再回来，何继善的论文出来了，专著出来了，仪器也出来了。他不仅闻名国内的同行圈，还扬名国外学术界。

何继善那双长腿真就带他走出国门，走向了世界。

1995年9月，应伊朗矿山金属部的多次邀请，何继善要前往伊朗。临走时，他将“双频激电仪”及附件装在一个手提箱中，轻松提着去了伊朗。

那天，在伊朗地质调查所和该国铅锌矿的研究人员的陪同下，何继善的“双频激电仪”与其他科学家的探测仪在矿山进行对比试验。当何继善拿出他带来的仪器时，伊朗有关人员都感到十分惊讶。他们再看看某先进国家的仪器及附件是用两卡车拉来的，那庞大的机身给人的直觉，就是耗时费力，饱含了很多人的巨大付出。而何继善带来的“双频激电仪”，相比之下更像是一个简易的工具箱。

试验开始了。“双频激电仪”被放在地上，数据迅速和准确地显示在液晶板上。而某国的仪器经过较长时间也没有测试出来。于是，该国科研人员不得不又用两卡车拉来了另一套。结果呢？无论探测的速度和精确度，都不如中国科学家带来的不起眼的小仪器。

此时无声胜有声。

当人们不解地问何继善："这仪器为什么如此之小？"

何继善则淡淡地说："地质勘探仪器要便于携带，因为它使用的地方往往是汽车轮子滚不到的地方。"

仿佛就在那一刻，在场的人才明白，庞大的地质探测仪原来不能算是真正的探测仪。

伊朗一位名叫依拉兹的科研人员目睹了何继善那个小小仪器的神奇效果，敬佩不已，专程来华做了他的弟子，攻读博士学位。

……

像一棵树，人的身体中，脚全当是根，与肥沃的土地接触越是紧密，它越能供给我们更多的活力。而何继善那双长而有力的腿，绝非简单为一处身体的组成。静态时，它是一座擎天石柱含蓄而丰厚的底座；移动中，它严谨认真丈量着丰润的大地，饱含深情与起伏的山脉倾心交流，载着一个又一个科研项目，走更远的路……

我突然想起，拉丁美人的双腿无不出色，健康的肤色下跃动着无穷的热情和活力，仿佛黄昏时墨西哥高原上飞驰的云影，又恰似希腊神话中大力士一样强健地跨越身姿，随处引发创造的狂想。何继善的那双长腿有个性、更富神性，只要跨出去，就别有洞天！

风骨——一身正气两袖清风

何继善高高的鼻梁骨撑起的是惯来严谨的威严，舒张的额骨盛盈着满满的智慧，还有他修长的手臂、健硕的长腿，那是整体骨骼力量的配合，更有他笔直的脊梁、宽阔的胸怀，那是他挺拔的人生姿态。

十年前，何继善就提出过弘扬科学正气、反对科研腐败的理念，自己的科研项目攻关，他一向严谨、踏实，不走捷径，更不会搞歪门邪道争经费、硬评奖。主持15年的科协工作，他正人先正己，敢于直言，一身正气。

那是一年一度的湖南青年科技奖（简称“青科奖”），一到评奖前后，周边就异常热闹。何继善心里明白，一些人开始“活动”，他自己就频频接到要来“看他”的电话。

他依然如故地敞开着办公室，来人说事可以，留下的哪怕是一本书，他都得翻翻，只要里面有东西，就让来人统统带走。严厉却儒雅的他，拒绝时，也还给人一点尊严。

这天，大赛初选的名录一到，何继善明显感觉基层比例太小。边远山区扎实搞科研的那批人，哪有时间跑关系？可是，他们才是全省科研的基石和中坚啊。不能让这些人吃亏，更不能让科研“掺水”！尤其，已经有人到过他的办公室，何继善没一点含糊地拒绝了那个人的“文件袋”。那个人的项目一般，眼下却榜上有名。其中缘由，何继善心里明白，也多少能理解。

但正气不是人情，这次不把好关，一条歪道就永远会邪下去。何继善马上召集开会，语重心长地跟大家说：

“看到这批名单，我想起一些青春的身影，想到一个个在野外、在实验室、在科研岗位上的淌汗、较真和坚守的鲜活身影，他们充满了年轻闯劲，洋溢着青春活力，想到他们，我就仿佛也是他们青春队伍中的一员。

“他们是中国科技的希望啊！我们的梦在哪里？在科技；我们的梦哪里延续，在青年！

“在这中间，有一批人出身贫寒，却未因家境不好而丧志；有一批人在最基层，他们满怀对祖国和科学的热爱，脚踏实地，扎根基层。这些“七〇”后甚至“八〇”后，面对社会转型期带来的浮躁之风，仍然能保有心灵的一片“绿洲”，依然坚持不懈地朝着梦想执着前行。评不评奖，他们都会热爱；关不关注他们，他们都无怨无悔。他们没时间跑关系，他们没有实力来活动。但是，如果科学都没有公平，正义何在？”

这个短会把基调定得很准很实，何继善强调基层尤其边远山区、贫困地区的科研人员要多考虑，要出比例。他知道，曾经的第二届“青科奖”，40个奖项企业只占3家，基层百分之二十都不到，挫伤了当时多少人的积极性。

最后，他掏心掏肺地告诫：“作为科技把关人，我们要做到问心无愧、秉公办事。要替青年人的成长着想，要为科技事业的长远着想。”

这一年，有史以来“青科奖”的基层比例首次接近百分之四十。

骨骼绝不单单是框架，它们支撑着人，也让人活动。

比如，人体最大的关节——膝关节，它使人既能折叠弯曲，又能伸直快进。但是，它也是个容易丢失骨气的地方，弯曲到跪时，人格就全丢了。

又如，由33块椎骨构成的脊梁骨，必须支起你全部的思想、灵魂和骨肉，讲究的是挺直的姿态。

这也就是人们常说的风骨吧。

“该站着的就不能跪！能挺直的决不能弯！”

有些人缺的就是这种做人的风骨。

他们不是也有手吗？别人手巧心灵，他们双手28节指骨一节不少，少的是“硬骨头”！

何继善站立时，背脊挺直，一身正气，抬头挺胸却又绝不高调，双目平视，自信中带着平和，气宇轩昂，乐观向上。

生活中，有人高大英俊、智慧超群，却贪婪狡诈、专做坏事；而有人貌不惊人、矮小微弱，却人格高尚、被人敬重。

这又道出了人真正的高度是人格的高度。

何继善的智慧、善良、忍耐，往往使身材魁梧者自愧不如；他的积极、进取、牺牲，又在别人赞誉的目光中渐渐提升着“海拔高度”。

何继善让我们知道：身高只是数据，内涵才有高度。

一生之根——母亲和故乡

何继善善良的天性、执着的真诚，从哪里来？

告诉你，从他母亲的言传身教来，从他的故乡里来。

（一）母亲，她撑着儿子的天

何继善从小寄居在普迹镇的外婆家里。后来，父母从外婆家搬出来，租住在镇子通往山区的路边一处房子里。他记事时的五六岁，正值日军入侵。每到日本鬼子临近，形势紧急的时候，人们推着独轮车，扶老携幼进山逃难。何继善至今仍清楚地记得，那独轮车轮与车轴摩擦发出的“吱扭吱扭”声，刺人心弦。

外婆是大户人家出身，只是后来家道中落，但良好的家风是传给了子女的。何继善的母亲自出嫁后，一直没离开娘家，因为父亲当时被派到偏僻的新田县开办业务，母亲就只能独自挑起一个大家庭的重担。

母亲在一家鞭炮作坊打工，经常辛苦一天还带回没有引线的鞭炮，全家人晚上一起帮着插。家里没有男人，母亲就顶天立地地撑起整个家。插引线是她带回来给家人的活儿，母亲一到晚上就绣花、搓麻，家里的鞋、衣、床上用品都是妈妈的手艺。还别说，她拿出的绣品就跟画儿一样，卖出去就是比别人的价钱高。

再忙再累，母亲都不误孩子的教育。小继善从小就好学，尤其渴望知道他不知道的东西。不到五岁，母亲就要他跟着大孩子一起坐到教室里听，只说是听点得点，偏偏小继善还坐得住听得进。然而，日本侵略者让他幼年的梦想破灭。六岁那年，他刚要读小学二年级，日本鬼子来了，小继善不得不随父母亲四处逃亡。

记得那次，母亲带他去新田与父亲团聚，火车行驶到株洲渌口时，前方的桥被炸断，只好停了下来。那次，火车被卡了两天，瘫痪的火车成了日军轰炸的重点目标。没有吃的，还不时有敌机来袭，人们只得下车四处躲藏。那天，炸弹不停地炸。突然，一个小女孩像是被惊吓住了，跑出来要找爸爸。眼看着俯冲下来的飞机疯狂地追着她扫射，在情况十分危急的时候，母亲奋不顾身冲出去，抱起小女孩滚下一个小坡，在一处树丛里隐蔽下来……

母亲特别坚强，还能吃苦。就说他们娘俩，从浏阳去新田，放在今天只需六七个小时的车程，可当年交通是异常的艰难。他们从浏阳搭乘运货的小木船到长沙，再从长沙转火车到郴州，渌口大桥一陷就是两天，走到衡阳，又遇江上桥被炸断，而且一时无法修复。母亲和他只好下车，渡到对岸，爬上煤炭车，历经磨难才算到了郴州。偏偏，到郴州应了一句俗话："船到郴州止，马到郴州死，人到郴州打摆子。"饱受饥困和流离的小继善一到郴州，就开始生病，又拉又吐，还无法就医，只能挺着，差一点死掉。都是母亲啊，一路吃苦一路呵护，年幼的何继善几次与死神擦肩而过，又都安然无恙。

在那动荡的年月里，吃苦耐劳、省吃俭用，母亲辛劳地呵护儿子成长；穿越烽火、历尽磨难，母亲用性命一天天、一站站掩护着儿子。坚强的母亲始终是何继善的天。

采访何继善的同事温教授时，他感慨道：“何继善有个太能干的母亲。”

何继善读大学，母亲赶到永州和儿媳住在一起，带大他的大儿子；他工作繁忙，野外一去就是四个月，母亲料理着家里的一切，让儿媳放心上班、孙子安心上学；何继善只要在家，吃饭、衣物换洗甚至临睡前泡脚，都由母亲精心打理。谁人不为家务事拖后腿，唯有何继善能全身心投入工作。当同事工作生活两张皮整日一地鸡毛时，何继善永远利落地直奔事业去。

那是“文革”时期，何继善顶了个“白专典型”的帽子，处处受冷落。他却想得通，反正咋做都是错，随他。学校不上课，他干脆想办法，以带学生“接受工农再教育”为由，带着几十个学生跑野外去了。他的想法，我懂，学不了书本，做实验也比浪费青春强。

他一去四五个月，妻子白天上班晚上学习，哪有时间顾家？三个孩子的家呀，就交给了母亲一个人。可有一次，大孙子一跤摔下去，把大腿摔成粉碎性骨折。大孙子躺医院两个月，母亲是没白天没晚上地屋里外头一个人转。偏偏接骨没接好，两个月的忙活全白费。当医生说需要重新手术重新接骨时，年迈的母亲呀，突然哭了，哭得很伤心，不是哭自己受了多少累，而是哭孙子多受了多少苦。

前面这些何继善根本不知道，当他四个多月后回来，孩子的伤是快好了，可脚还不能弯。母亲看着黑了好多、瘦了一圈的他，直埋怨自己没管好家。可何继善啊，他知道儿子吃苦了，母亲受累了，该内疚的是自己。

偏偏磨难还没完。一年后学校进行拉练时，这才发现孩子走路一高一低的，有点瘸。原来，没断过的脚长三厘米，而另一只脚在伤未好前生长缓慢。怎么办？

“再手术。”母亲的一句话说得没有丝毫犹豫，“我的孙子个个都是最棒的，怎么能弄个半残疾呢？”

这次，老母亲没有哭。她拉着大孙子的手，捏得紧紧的，说："放心吧，有奶奶呢。这次咱们多活动，奶奶天天给你捏脚，慢慢多弯多动。会好的，一定会彻底好的！"

许多年后，何继善想起这事就内疚。

（二）母亲，她是两代人的轴

小时候，儿子跟着母亲游历；大了，母亲跟着儿子辗转。

1968年，母亲跟着何继善住到中南矿冶学院已多年。这时的何继善，已是三个孩子的父亲。三个孩子都是母亲一手带大，母亲像儿时护着他学习一样，一心一意支持儿子的工作，不让儿子为家务分半点心。三个孙子个个学习棒、身体好，都跟奶奶亲。

何继善教子，一向严格。

记得大儿子何志坚小时候见别家孩子都背个黄挎包，当时时兴包上挂个红五星，别提多神气，他也想要一个。

可何继善要他自己解决费用，孩子脸上露出为难的样儿，母亲就说了："这么半大的孩子，你让他去哪儿挣钱？"

"比如捡橘子皮卖到中药铺，尽管不值钱，但有目标、有追求总能积少成多，自己的劳动换来的，还会更珍惜……”

这时，母亲心痛了，可她知道儿子要孙子从小自强自立也没错。后来，母亲不反对当爸爸的儿子，却暗地里拼命帮有压力的孙子。那时，正是岳麓山上下到处甜橘吐香的时候，母亲帮孙子一起捡，回家帮他一起晒，硬是攒齐了买包的钱。区区五元钱，祖孙俩硬是忙活了两个月。

还是何继善的大儿子，为了能让他顺利考大学，老母亲呀，多受了好多苦。

那是一个周末，何继善一家比过年还隆重地准备了一桌丰盛的饭菜，只等着村支书来。

原来，儿子下乡的那个村，不乐意知青考大学离开农村，不仅不给复习时间，还有意加重劳动量。儿子用别人嫌弃的掏大粪的机会挤时间复习，可临考了村里就是不给请假。从来不低头、不求人的何继善想融通一下。

其实那天，最等最盼最累的是孩子的奶奶、何继善识大局明事理的母亲。她把计划分配的两斤白糖当礼物备好，那可是当时全家老小唯一的金贵东西。她大清早就忙起，头一次舍得买最贵的菜，再把自家藏的好东西都拿出来，精心做了一桌菜。母亲心想啊，村支书能喜欢吃，能让我的孙子回来复习就烧个香谢菩萨了……可全家人等啊盼啊，就是没等来。后来，留在农村掏大粪的何志坚，硬是边勤勉务农、边刻苦复习，一举考上了大学。

接到通知书的那天，老母亲比谁都高兴。

她拉着大孙子的手呀，再把两个小的一并拉到身边，说："咱家就像不停转着的机子，就得围着学习转。"

一旁的何继善感慨着："其实，母亲始终都是家里的轴心，从儿子转到孙子，都是她的向心力啊。"

（三）母亲，让五个别人家的孩子叫他爸爸

有一年，家里发生了一个大变化：母亲突然抱回一个才两个月大的孩子。原来，楼下住着的一对夫妇，就要去牛棚接受劳动改造了。两个月大的孩子，生下就跟小猫似的，抱来时瘦弱软塌，奄奄一息。

事先，母亲跟儿子商量。何继善知道母亲可怜这对夫妇，还有这个朝不保夕的小生命。可母亲不知道，帮了他们，会对儿子有什么影响。何继善知道母亲的顾虑，但马上安慰她："孩子是无辜的。"

当这对夫妇把孩子抱过来，只差没给母亲跪下，都激动地哭了。他们最终放心地走了。对于这样一个带出一个优秀的儿子，还把三个孙子都教育得极好的老人，他们有什么不放心的呢？可母亲从此就累了，弱小的孩子没奶吃，老生病，母亲再也没有吃过一顿安心饭，睡过一个安稳觉。终于，孩子长好了，长大了，这个孩子叫罗元新，一生都把这里当自己家，也一直管何继善叫爸爸。还有一个父母双亡的学生在他们家生活，也一直管何继善叫爸爸。像这样的孩子，他们家就有五个。

这位老人，用自己沉淀一生的爱，换来了一大群儿孙的集聚绕膝，有亲生的，更多的是没有血缘的。这位可亲可敬的老人，日日夜夜都在辛劳付出。

像她老跟儿孙们说，她做的都是她最爱做的事：

守着儿子长大，儿子居然长成个院士科学家；守着孙儿们长大，孙儿们又都个个成为大学生；再守着可爱的孩子们长大，帮别人一点，送孩子一程。

她说，她只做了她该做的一点点……

1986年，劳累中突发脑溢血的母亲倒下了，没有一点预兆，甚至没交代一句话，就走了。

当时，何继善还在出差的路上，家人不敢告诉他。

那是他们知道，这对患难与共的母子是多么难舍；也知道，何继善听说噩耗，回家的路会变得多么残酷。

母亲啊，没说一句话就走了。

另外五个叫何继善爸爸的孩子，全跪在恩重如山的奶奶面前。这些她抱过的、亲过的、背过的、喂过的孩子们，多想奶奶能给他们机会，在她年老体衰的时候，搀扶她，呵护她，也背她走一段，也喂她一次热饭……可坚强慈祥的奶奶啊，一辈子只求付出，就是不给出一点负担，让晚辈也能为她付出。她永远都没有病痛的样子，永远都只劳累不言苦……

“奶奶呀，你该让我们分担一点的，你不该给我们留下这巨大遗憾！从此，再也看不到永远含笑的奶奶见我们进家就做饭拿吃的；再也听不到她饱含深情叫我们乳名、含笑嗔怪‘训’我们的声音；再没有这样知冷知热的奶奶疼我们，爱我们……

“走在送奶奶的路上，仿佛到处都是奶奶辛劳的足迹，随处都还听到她唤我们回家的声音。如今，她就要在大山上休息了，她将和青山绿水融为一体。

“奶奶，您放心，儿孙们会站成一株株大树，既做撑起事业的中坚，也做陪伴您的一片绿荫……”

（四）故乡，一生的根

阔别四年后，何继善再次来到普迹镇新府社区常坪组，这是他出生的地方。在楼房林立的集镇街头，他找不到原来的痕迹，“完全变了”。幸好八十四岁的退休干部汤云风赶来，带他去了当年租住的人家。

普迹是一个巴掌大的小镇。从何老的口中，我才得知，这个不起眼的小镇，原来曾是名噪儿省的商业重镇。

何继善童年时代的普迹镇，曾经是相邻儿省的茶叶集散地。有趣的是，这个地方并不出产茶叶。但是，每到产茶季节，各地的新茶便源源不断地从四面八方运到此镇，然后被当地人加工以后，再销往周边各地。

何继善说，这种奇妙的商业现象，绝非仅仅因为小镇旁的那条浏阳河。河流旁长出来的小镇远不止普迹一镇，但是，一个不产茶叶的小镇却成为声名远播的茶叶集散地，其中奥妙绝非因地而生，而是因人而成。

原来，这个地方的茶叶加工者，不但在炒茶制茶上下足了功夫，甚至连产品包装都一年一新。销售商们之所以远道而来进货，就因为这里制作出来的茶叶芳香扑鼻、包装古朴，反正好卖，是顾客一看就上眼、一闻就来精神的走俏品。

但是，我们没有品尝到故事中的茶叶。

眼前的普迹镇，早已不是从前的那个茶叶重镇。时尚的流风已经把今天的普迹混搭成一个中国式的当代小镇。特别是那条高速公路连接到此之后，年轻人似乎不愿意再延续下去过去那个茶叶小镇的故事。

何继善六岁离开普迹，如今虽然已经华发丛生，一路上，他却能对当年的茶号、锅号娓娓道来，还能用西区口音说出这些地名。

在一条小道上，他仿佛又看到当年逃难的情景。

“只要时局紧张起来，大家就推着独轮土车子，沿着这条路往一处叫白毛尖的山里逃。”

离开普迹前，他在村民汤金来家住过一年多，对当年的房子格局还记忆犹新。汤金来的妻子张春美端出自己家的花生、芽菜，何老捏了一把芽菜塞进嘴里，高兴地说：“跟小时候的味道差不多。”

普迹镇的发展，曾两次得益于何继善。当年他建议正在修的高速公路在普迹镇开一个路口，这样可以带动集镇的全面发展；而浏醴高速在普迹互通，也得益于他的协调。

这天，何老在浏阳一中讲了一堂几千人的科普课。

课程结束后，他去了一趟普迹。

成名以后的何继善，能为故乡尽心尽力的事情，他几乎毫不推挡。然而，当他重回故乡的时候，那种静如止水的神情，让人感觉，在老人何继善的心中，此故乡已非彼故乡，那个低吟着外婆童谣的普迹镇，早已成为他岁月中的某张底片。而眼前脚下的故土，再也听不到现在的外婆们轻吟从前的童谣了……

第六章

一口气，一辈子

何继善这辈子是跟“气”较上劲了，七十五岁以后，他瞄准了又一科研高峰——新能源页岩气。

中国的页岩气储量世界第一；湖湘大地下，巨量页岩气资源可供开采三百年！又绝非局限于湖南的发展，页岩气的开采有着深远意义：对能源匮乏之湖南，它是动力；对整个国家之崛起，它是国力；对中国强于世界之林，它是民族实力！

一直要破译这位科学家的抗争密码，像是有了着落：屈辱激发自尊；仇恨激发反抗；失学激发好学；苦难激发奋斗。一身傲骨成了助力；一身倔强成了能力；牢记历史成了动力；振兴中华更是推力！

美国《纽约时报》官方网站2013年2月刊登《奥巴马两个重要的外交政策机遇》一文，文章认为，奥巴马第二任期的外交政策应围绕建立《跨太平洋战略经济伙伴协定》（TPP）和推动页岩气出口这两大机遇展开，这有助于美国刺激经济增长和重建全球影响力。文章写道：

“据说，日本首相安倍晋三2月22日造访白宫与美国总统奥巴马讨论了两个机遇：达成一个重大的跨国贸易协议和美国新开发的页岩气出口。无论美日关系走向如何，安倍晋三都应该让奥巴马明白，这是美国在重建其全球影响力过程中强有力的资产。”

这说明了什么？页岩气是全球能源、经济的宠儿，也必然是某些国家操控世界局势的政治筹码。

中国湖南。

2013年8月的一天，一辆奥迪车从常德出发，于崇山峻岭之间穿行了两个小时后，在漫山遍野的深灰色岩石群中，到达张家界至桑植一带。

在一片机器轰鸣不时有石油工人来回穿梭忙碌的井场，何继善下了车，这是他今天要调研的现场。

只见他，先站在地势稍高的山坡上，望着山头或田间时不时冒出形态各异的灰色岩石，对我们说："我省三大具备开采远景的区块中，湘西北的地质结构和开采前景最为可观。其中，就有我们脚踩的这块约5000平方公里的宝地，另外在湘中涟源一带还有400多平方公里，这可是我省页岩气的主产区啊。"

走到施工工地上，何继善跟工程负责人好一阵交流，只听得他们如此默契，两人你一言我一语地说着页岩气。

"如此看来，具备良好找矿前景的地段主要分布在：

湘西北（湘西–常德）、湘中（娄底–邵阳）、湘东南（株洲–衡阳–郴州）。”

“对对对，其中湘西北地区，也就是我们这个地方，是我省计划重拳出击的主攻区域。”

“是呀，这趟下来调研，就是要找准新思路，抓好示范点。你们把技术参数都记录好，每一个环节都要翔实明了，到时我们一起分析，最好出一整套模式，为后面大干做准备……”

秉性踏实的何继善往机器轰鸣的钻井处去了。

戴上安全帽的他，留下了健朗挺拔的背影。

就是年届八十，他也一定要深入施工现场，发现问题，找解决办法。

路上，他向我们说起“一束火炬，让湖南告别无气时代”，让我们大家跟他一起兴奋着。

那是2011年12月19日。

湘中娄底，涟源市桥头河镇，中石化“湘页1号井”

工地。

一束刚刚点燃的页岩气火炬，改写了湖南一贯的能源构成历史。

缺电、缺煤、缺一切能源的湖南，因为这束火炬，心底的希望，突然就被页岩气点燃了。

人们高兴啊，标志着湖南页岩气勘查已取得阶段性成果，宣告了湖南彻底告别无气时代！

在湖南境内，除了煤炭，还没有发现石油、天然气等能源资源。

一直以来，“缺煤、无油、少气”，是湖南能源构成的基本格局，也让这个中部内陆省份缺少工业化底气，而依然保持“鱼米之乡”的美誉。

自涟源市桥头河镇的“湘页1号井”成为湖南省内第一口页岩气出气井，已探明大规模页岩气资源，从2011年5月18日开钻到10月8日完钻，钻井深度达2067.85米，试验阶段最高日产气1000多立方米，商业开采期可望达日产2万～10万立方米。

页岩气是从页岩层中开采出来的非常规天然气资源，现已探明，在页岩层更深层页岩气储量更高。“湘页1号井”的开采，将缓解湖南以及周边地区的能源压力。

希望，如那不灭的火炬，一直燃烧着，让人看到那弯弯曲曲的能源路，照亮了“气化湖南”的宏远征程。

湖南转寻页岩气

相比原油、煤炭、天然气等能源，页岩气听起来让人有点陌生。但实际上，早在1981年，美国第一口页岩气井压裂成功，实现了页岩气勘探开发的突破。

湖南页岩气资源非常丰富，2011年页岩气地质资源量为9.19万亿立方米。湖南页岩气有效页岩面积有27.8万多平方公里，具备良好找矿前景。数据显示：

湖南页岩气资源量达9.19万亿立方米，约占全国资源储量的百分之七，排全国第六位；可开采量在1.5万亿～2万亿立方米，主要分布在湘西北、湘中和湘东南，其中湘西北地区，将作为优先开发区块；洞庭—湘中作为加强资源勘探和评价区块，已纳入国家页岩气整体开发利用规划。

何继善胸有成竹地说：

“湖南2011年的天然气用量大约15亿立方米。页岩气可开采量按保守估计1.5万亿立方米测算，这一储量可以让湖南用上数百年。如果按湖南‘十二五’末天然气年用量65亿立方米测算，页岩气储量也够湖南用上两百多年。假若这一理论值可以实现，湖南不但有可能实现天然气自给，还可以减少煤炭外购，这将使湖南省的能源结构发生重大变化。”

目光如炬的何继善，积极推动，奋力宣传，稳步推进。其中，中石油和中石化已分别在湘西和娄底开展了浅井勘探和实验研究，中石化位于娄底的“湘页1号井”，经过竖井压裂，2011年底至今，已经连续出气。

其实，数十年来，湖南人对石油、天然气的渴望，从未间断过。

20世纪70年代起，“澧1号井”“湘深1号井”就先后进入洞庭湖勘探，无功而返；湖南人找寻石油的脚步又相继进入常德、沅江，但结果不尽如人意；益阳沅江市设立的中石油浙江油田分公司南方勘探湖南办事处，也早已撤离。

湖南历来是个能源匮乏省，近十年来，几乎年年闹电荒。

随着经济的快速发展，2004年以来（尤其是2010年12月至2011年11月），由于久旱不雨，史上最长的电荒周期笼罩三湘大地。为省电，各地绞尽脑汁，拉闸限电成为家常便饭。

受季节性和干旱的影响，湖南水电资源开发接近百分之九十五，但占全省发电总装机容量百分之四十五的水电装机，实际发电量不到全省总用电量的百分之三十。火力发电则面临电煤紧缺，湖南本地煤炭品质较低，百分之五十七以上的电煤需从外省调入。石油和天然气呢？遗憾的是，湖南境内目前尚未发现适合开采的资源。太阳能、风能的开发也有限。就是现在，湖南每年消耗的12亿立方米天然气全靠外输……

饱受油气资源匮乏的湖南省终于迎来了突破这一掣肘的机遇，多次探寻石油储量未果后，长期关注研究页岩气的何继善院士就自信地下了定论——

湖南能源新的曙光，将来自于大规模的页岩气。

2013年，何继善又明确提出："在湘西慈利、张家界到桑植一带，特别是湘西北，是一片比较好的整装页岩气田，可以从这里入手进行勘探开发。"

何继善面对的是一个偌大神秘的地球，他如此自信准确地勘测页岩源，缘于他的"双频激电法""伪随机信号电法""广域电磁法"等一系列理论和实践的长期积累。

其实，他早就拥有勘测页岩气的"金钥匙"。

他的"广域电磁法"专为探测五公里以下矿藏而研

发。这个从“双频激电法”延伸而来的理论，已研制出现成的仪器，像专门为页岩气开发探测准备似的。

过去，人们探测地下矿藏，不是搬动笨重的马达和钻机凿岩穿孔取样，就是爬进坑道和山洞，从地下直接取样。一个没有矿坑、绵延千里的山脉，随处打井钻探怎么就会准确无误？

曾经，科学家把电流通到地下，根据地下电流的电场特征来判断地下矿床的种类和分布，这发明称“电探测法”。

曾经，因地质复杂，外加水流影响，岩石导电性能的差异，以及各种磁场的干扰，探测误差大，甚至得出相反的结论。

如何解决这个问题，已成为各国地质学家研究的难点。谁解决了这个难点，谁就能把住地球的“脉搏”，登上地球物理勘探的世界高峰！

在“电探测法”常常失误的时候，何继善长期致力于应用地球物理的电场理论、方法与观察系统的研究。二十多年前他就发现，导致失误的原因，是简单地用二维方法去解决三维问题。

为此，他发明和研制了“双频激电仪”。这是当今世界普查矿产资源速度最快、精度最高、体积最小、成本最低的仪器。何继善终于成了登上地球物理勘探世界高峰的人！就因为“双频激电仪”成功率在百分之九十五以上，该成果获1985年“国家发明奖”和“国家科技进步奖”。

接着，他研发的“电场观测仪”“广域电磁仪”既赶超国际先进水平，又具有中国特色。为此，他被世界许多卓越的专家肯定——

美国权威地球物理学家H.F.莫里松说：“何继善以他在勘探地球物理方面的众多成就，特别是激电和电磁法方面的卓越贡献，得到了世界公认。”

美国著名地球物理学家霍曼评价：“何继善的双频理论和实践，是近年来应用地球物理学界的一个重大事件。”

俄罗斯著名科学家柯马罗夫认为，“双频激电理论可以和西方任何激电方法媲美”，并称赞何继善院士为“激电人”。

国际著名地球物理学权威弗兰克·莫里森评价：“在地球物理学界，既懂方法原理又懂研制仪器的，世界上仅有两人，何继善是其中之一。”

如今，何继善用他几十年的科研成果，像一阶阶铺上去的台阶，全铺给了页岩气开发。

他高兴啊！这可是大善举，对路了自己做善事、为善举的一辈子做人观。

将来总有一天，缺气少电的湖南老百姓会发现，再没有拉闸限电，而他们也将生活在宁静安康的幸福中。说不定，还有多余的页岩气外输，那最是湖南的爱呀。

湖南好了，国家好了，再不会被人在能源上卡脖子。

这才是何继善的大善大德，这才是何继善的宽厚仁爱。

人生苍茫，毕竟，善德是立世之本。

页岩气的开发，无疑又给湖南提供了新的突破口，全国第六的储量意义更为重大。湖南省政府想抓住这一机会的决心也凸显无疑。

何继善开始勘测页岩，摸清家底，但新的问题又来了……

比肩美国

发生在美国的“页岩气革命”，被誉为“一百年来石油工业最重大的事件”，对世界能源市场和国际地缘政治都已产生多方面影响。

大约从2006年起，美国的页岩气产量每年都以几倍的速度急剧增长。2009年，美国的天然气产量大约有6200亿立方米，已超过了俄罗斯，成为第一大天然气产出国。当年，俄罗斯的天然气产量只有5800亿立方米左右。

这让世界大呼，“页岩气革命”已经来临。

“页岩气革命”使得美国的能源独立不再是天方夜谭，世界的能源格局和地缘政治，也将因此产生深远的改变。

美国1821年钻探第一口页岩气生产井，到2010年年产量达到1378亿立方米，占总产量的百分之二十三，页岩气使得美国天然气储量增加了百分之四十。

美国已从最大天然气进口国达到自给并实现专项出口。近十年，美国页岩气产量增长了11倍。

中国页岩气井数量不到100口，而美国是10万口。

美国目前探明资源量约为28万亿立方米，探明可采储量14万亿立方米，产量超过2000亿立方米。

比较发现，中美在页岩气发展上的差距十分惊人。

但是，何继善是有信心的，还是因为他手上的那把“金钥匙”。

面对各种悲观态度，何继善的分析很透彻：

美国从20世纪70年代就开始研究页岩气，前期的地质勘探研究花了很长时间，而实际的大规模开发则很快，也就是近十年甚至五年内的事。

页岩气开发的相关技术问题：

美国的水平井和压裂技术，在我国都是成熟技术，只不过以前没有综合在一起运用过。

我们现在要探索的就是，根据我们中国的地质情况，借鉴美国的页岩气开发技术，但绝不能照搬。

页岩气大规模的勘探利用，要逾越几个障碍：

——巨额的开发资金是“拦路虎”，探井费用高，投资风险大。页岩气开发初期投入较大，一口勘探井的费用至少在3000万元以上。

——开采需消耗大量水资源，在干旱山区，这是开采不得不面对的一个问题。

——管网建设也将制约页岩气大规模开发。页岩气资源富集区很多集中在山区，管网建设难度大、成本高。

——不成熟的管理是短板。我们必须探索高效管理的一整套措施。若投资大、见效慢，就得向管理要效益，把成本降到最低。其实，美国页岩气的成功开发，除了技术创新之外，管理创新也起了重要作用。他们用工厂化生产来组织钻井，使单井成本大幅度降低。

页岩气开发的关键：

开采技术要求高，培训专门人才又是关键。建议在湖南科技大学专门设立相关专业，引进国内外页岩气开发的高层次人才，并尽快招生，自主培养相应人才，一批批年轻的大学生才是未来最佳的页岩气人才。

但是，技术问题并不是页岩气开发的瓶颈，真正的藩篱是体制与政策。中国完全可以借鉴当年设立经济特区的模式，在有潜力的地区划出几个“页岩气开发特区”来，把权力和收益多交给地方政府，多交给投资者。

多管齐下，少一些垄断，多一些竞争。美国的页岩气开发，其主角即是上百家中小型公司。

分析完后，何继善心里有底，信心十足。他先后五次写信给省政府，呼吁加快页岩气的开发利用。

省领导高度重视，五次督办，专门批示省政府及有关部门认真研究落实。

腊月二十八，省委副书记梅克保踩着春节的礼炮声，来到中南大学看望何院士，还带来了一封省长徐守盛给省地矿局的信，上面交代了页岩气开发的相关事宜和推进建议。

时间推到一个月前，何继善去省政府开咨询小组会议，给省政府当高参，把经济大脉。会议间隙中，何继善将早已准备好的信交给省长徐守盛，两人像兄弟般促膝而谈。

何继善说到湖南天然气的储藏量，说到建立专门的研究机构，培养研究人员……徐省长则说，由省政府出面，争取国家发改委等部门的支持；与国内大型的能源开采企业建立战略合作关系，尤其要让中石油、中石化展开竞争开发页岩气；将民间资本也引入页岩气开发……以上这些，省政府都会安排协调。短短的时间，一个院士，一个政府官员，那天像是完成了对湖南省页岩气开发的整体布局：

“气化湖南”需要因地制宜、多气并举，湘西北和湘北主要开发页岩气；湘中、湘东南页岩气、煤层气、致密气共同开发；洞庭湖则主要开发生物气。

好花伴时节，好事逢机遇。

2011年，重大咨询项目“我国非常规天然气开发利用战略”由中国工程院在北京启动。“气化湖南”的概念，很快写进了湖南省政府工作报告，一下子广为流传。在“非常规天然气与气化湖南”学术报告会、页岩气勘查开发研讨会和湖南科技论坛等一系列会议上，何继善都苦口婆心地讲到页岩气开发的重要性。

他利用自己长期的人脉资源，协助湖南省政府请来了国土资源部、中国华电集团的领导和专家，请来了中国地质大学、湖南科技大学的相关学者，还请到了省能源局、科技厅、煤田地质局的相关工作人员。在所有的场合，何继善以一个老科学家的心声大声疾呼“气化湖南”，要尽快开发页岩气。

2011年5月，“湖南省天然气发展座谈会”在长沙市召开，中石油、中石化、中海油、中煤集团、中国华电集团、平马集团等企业的领导和与会院士、专家，第一次共商页岩气的合作开发。同年6月，26位院士在内的150余位国内相关单位专家，加入了该项目的研究。国土资源部再度抛出了页岩气探矿权的出让招标，共收到中石油、中石化、中联煤层气等国有大企业合格投标书9套，并转入专家评标阶段。

湖南的页岩气就这样被何继善院士强力推进着，他因此有了“页岩气之父”的美誉。

第一阶段的“页岩气革命”是从美国走向全球的，而最早掀起这一革命的米歇尔能源开发公司的创始人乔治·米歇尔，在接受《日本经济新闻》采访时说，他预测，储量超过美国的中国，将作为“页岩气革命”第二阶段的舞台。同时，米歇尔还透露，中国早在二十多年前就已经开始关注页岩气，他对中国的嗅觉感到吃惊。

据美国能源信息局数据显示，中国的页岩气预测储量为36万亿立方米，高于美国。也就是说，中国为全球页岩气的最大储量国！

第二阶段的“页岩气革命”是否会从中国走向全球，中国有后来居上的可能吗？

乔治·米歇尔将“页岩气革命”第二阶段的舞台定在了中国，其实就是对此做了肯定。因为中国不仅有世界增长最快的能源需求，有仅次于美国的石油服务能力，还有全球最大的页岩气预测资源量，更有过去几年政府和商界、学界的大力度推进：两次页岩气区块招标，已经完成了近百口页岩气探井的钻探和压裂，并有少数页岩气井开始了试生产。

中国是当今世界上最为关注页岩气的国家之一，是除了美国之外有最多实质性投入的国家之一，也是世界上唯一的在政府规划中设定了2015年页岩气产量目标的国家。如果从1988年四位中国石油地质师拜访米歇尔先生算起，中国关注页岩气已经有27年了，中国已经钻了100多口页岩气井，已经超过本世纪初美国页岩气井的总和，也许是北美以外已经钻了最多页岩气井的国家。

米歇尔先生是有远见的，“页岩气革命”第二阶段的舞台，的确是在中国。

再看看湖南，何继善又在忙活什么呢？

2013年5月29日，名为“绿色能源在湖南的开发与利用”的专题报告和“‘气化湖南’描绘新能源发展前景”的研讨会，吸引了不少听众，报告厅内座无虚席，研讨会上也满堂喝彩。何继善围绕页岩气的开发和利用，讨论绿色能源问题；宣传节能低碳，建设生态文明；助推“绿色湖南”建设，用页岩气助推湖南“弯道超车”。

他认为，解决“两型社会”建设中的资源问题，既要实施“节流”，也要做好“开源”。这个“源”，当然是页岩气。这是打造“资源节约型、环境友好型”两型湖南的基础和核心。

他建议，要多气并举，开发生物气。初步估算，洞庭湖盆地生物气的生成量超过14000亿立方米。这种高效洁净的能源若能科学合理开发利用，将在一定程度上改善湖南省的能源结构，有效减排温室气体，产生良好的环保效应。

何继善院士发明的“广域电磁法”特别适合页岩气的勘探。他们研制出了相应的新型物探设备，不但提高了探测的精度和速度，还使现场成本降低到常规方法的四分之一。

他还帮助湖南科技大学申报湖南省页岩气重大科技专项，设立相应学科专业，引进国内外页岩气开发的高层次人才，并实现自主招生，培养相应人才。

尾声

赤子追梦

面对多次机会，何继善那不卑不亢、灵魂永不弯曲、精神永不低头的气概，让人知道这就是何继善。

他这一生——

身处逆境，能忍得住气；患难危机，沉得住气；紧要关头、生死成败，他鼓得起气。

气主沉浮，气定荣辱，气关成败！

天地里、人世间的这股气，乾纲独断万物生气！

何继善在日寇的炮火下、逃离中和一次次失学的突围后，在渐渐鼓气、和气、争气中成长，再经过志气、勇气，到今天的扬眉吐气。

气，贯穿他全部生命；气，支撑他整个人生。

时间到了2015年8月31日上午。

中国人民抗日战争暨世界反法西斯战争胜利七十周年，一个特殊的书法作品展在中南大学展出。

这个以抗战人物、抗战故事为书法内容，记录展现了杨靖宇、张自忠等抗日名将为国捐躯的牺牲精神，赵一曼作为战士和母亲的家国情怀，父亲鼓励独子参军抗日、寡母带着独子共赴国难的感人事迹，长沙会战全歼日寇时留下“倭寇万人冢”的历史事实以及“芷江受降”的历史情境等。

这个个人抗战专题展览，每幅作品都蕴藏着一个动人的抗日故事。在中南大学校图书馆开放展览一周内，吸引了广大师生和社会各界人士前来观看。

那天，何继善向在场师生讲述了抗日战争时期革命先烈对中国传统文化的传承和保护，他希望以书法展的形式，纪念抗战胜利，同时激励、教诲当代大学生珍惜、热爱、传承中华文化，尤其要珍惜今天的幸福生活。

书法展以“还我河山”为序曲，以“壮我河山”为结尾，这也是何继善一生的写照。其中集结的“还我河山”“红旗招展，枪刀闪灿，我军向西征，大军浩荡，人人英勇，日匪心胆惊”“俱往矣，数风流人物，还看今朝”“杨靖宇西征胜利歌”“ 赵一曼滨江述怀”等60余幅书法作品，均出自何继善院士之手。

这个展览耗费了何继善几个月的时间，那段时间，他每天清晨4点开始写，精密地构思展览的内容，再一幅幅用心聚神地写。有些没写好，就反复写，直到满意为止。最多的，写了十多幅才满意。

展览之后，我们问他在繁忙的工作中，怎么想起要做这么个展览，何老讲起了个故事：

1992年，已是中南工业大学副校长的何继善面临一个选择，日本一大学发来邀请函，慕名该校在资源学科的优势，提出两校学生互访交流。外事正好由何继善分管，出访的任务落到了他的头上。

这可让他思绪万千。改革开放以后，他到过许多国家讲学，虽然有多次机会去日本，但他一直没有成行。20世纪60年代初，为了教学的需要，他学过日语，而且翻译过一些有关地球物理探矿的文章，但他就是不愿用日语。

为了教学方便，何校长这次想试着学点口语。

临行前，拿起日语书，还没开口学，眼前就是儿时日本鬼子狰狞的脸，就有同胞鲜血流淌，还有枪炮的轰鸣声。连“上课”“吃饭”等日常用语，让他联想起来的都是当年日本鬼子的暴行。

还怎么学？

不学了，何继善一句日语也不学了。

东京很繁华，也很拥挤。凭良心说，人家接待还是高规格，宾馆很贵，饭菜也不便宜，一句日语也不开口说的何继善，日方还得给他请个翻译。其实，他们都很客气，很尊敬，可这位中国专家就是亲近不起来。

这天，在日本东京大学，一场精彩的学术报告后，在一片呐喊声、欢呼声中，何继善走下讲台。

日本少女给他献花，日方院领导握着他的手说了一堆恭维话。

从仰慕、敬重、追随的人群中穿过，何继善始终骄傲地目视人群，那种淡然，那种镇定，似乎就是自信有余，更是看淡一切。

直到走出校门的那一刻，何继善才发现，头顶上不知什么时候早已撑起一把大伞。

哦，外面正下雨。

一个个子不高的日本人，为挺直腰杆儿、高大魁梧的何继善撑着伞。

中国老庄哲学说得好："天地生于元气，人身生于精气。”气主沉浮，气定荣辱，气关成败！天地里、人世间的这股气，乾纲独断万物生气！

正是这股子气，世界地球物理学界似乎在一夜之间知道了，中国有个应用地球物理学家叫何继善。随后接踵而至的，不仅是何继善个人身份地位的提升，还有众多国际交流的机会。美国、瑞典、加拿大、俄罗斯、日本等国家的一些大学、研究所和实验室里，都先后留下了他考察、讲学的足迹。

从此，何继善声名远播。美国、俄罗斯、瑞典等国的一些大学和研究所，纷纷向他伸出橄榄枝，邀请他进行学术交流……日本也在其列。

但面对多次机会，何继善那不卑不亢、灵魂永不弯曲、精神永不低头的气概，让人知道这就是何继善。

他这一生——

身处逆境，能忍得住气：

患难危机，沉得住气；

紧要关头、生死成败，他鼓得起气。

“那天，我的腰杆儿是为中华民族而挺的，坚挺的脊梁是强大中国给我的底气。对，就是那股子气。也就是那天，我把又一个‘一辈子，一口气’写在了我的本子上……”

带着鲜明气节的何继善，永远停不下来他的行走。

也许有人会问：何继善的老年奔忙，究竟是为了什么？

因为儿时外婆的故事？

因为儿时头顶上日本鬼子的飞机？

因为无数次的失学？

因为牛棚里恩师的背影？

还是因为成群的大学生追随其后，

还有，一波又一波科普课堂上孩子们的共鸣声？

其实，已经没有必要问那么多的为什么。

因为在他不停行走的路上，有很多跟他一样的行者，而且将有越来越多的行者。

那些相伴的行者拥有一条共同的大道。

那大道承载着共同的赤子追梦！

主编简介

李炳银：陕西临潼人，1975年毕业于复旦大学中文系。现为中国报告文学学会常务副会长，中国作家协会研究员，全国报告文学理论研究会会长，《中国报告文学》主编。

作者简介

余艳：湖南省作协副主席，一级作家，中国报告文学学会理事，湖南报告文学学会常务副会长。出版长篇小说、中短篇小说集、散文集、随笔集、长篇报告文学等18部个人专著，文学、影视作品共500多万字。

图书在版编目(CIP)数据

家国万岁：院士科学家何继善的故事 / 余艳著；李炳银主编. -- 2版. -- 太原：希望出版社，2017.12(2018.7重印)
（中国精神·我们的故事）
ISBN 978-7-5379-7818-7

Ⅰ.①家… Ⅱ.①余… ②李… Ⅲ.①报告文学—中国—当代 Ⅳ.①I25

中国版本图书馆CIP数据核字(2017)第298131号

中国精神
我们的故事

家国万岁
——院士科学家
何继善的故事

李炳银/主编　　余　艳/著

出 版 人：孟绍勇
项目策划：田俊萍
责任编辑：田俊萍　罗霄龙
复　　审：武志娟
终　　审：王　琦
美术编辑：韩开文
照片拍摄：翁晶波　余　艳
装帧设计：山西天目文化传播有限公司
印刷监制：刘一新　尹时春
出版发行：希望出版社
社　　址：山西省太原市建设南路21号
邮政编码：030012
经　　销：全国新华书店
印　　刷：山西人民印刷有限责任公司
开　　本：889mm×1194mm　1/32
印　　张：8
版　　次：2017年12月第2版
印　　次：2018年7月第2次印刷
书　　号：ISBN 978-7-5379-7818-7
定　　价：25.00元